普通高等学校城市轨道交通专业规划教材
编写委员会

主　任　李　锐（安徽交通职业技术学院　系主任　教授）
　　　　　刘志刚（上海工程技术大学城市轨道交通学院　博士　副院长　教授）

副主任　李建洋（安徽交通职业技术学院　博士　教授）
　　　　　张国侯（南京铁道职业技术学院　教研室主任　副教授）
　　　　　李宇辉（南京铁道职业技术学院　教研室主任　副教授）
　　　　　穆中华（郑州铁路职业技术学院　教研室主任　副教授）
　　　　　朱海燕（上海工程技术大学城市轨道交通学院　副教授）
　　　　　周庚信（新疆交通职业技术学院　系主任　高级讲师）

委　员　娄　智（安徽交通职业技术学院　系副主任　副教授）
　　　　　李志成（安徽交通职业技术学院　副教授）
　　　　　兰清群（安徽交通职业技术学院　副教授）
　　　　　王晓飞（安徽交通职业技术学院　讲师）
　　　　　李泽军（安徽交通职业技术学院　工程师）
　　　　　李艳艳（安徽交通职业技术学院　讲师）
　　　　　颜　争（安徽交通职业技术学院　讲师）
　　　　　黄建中（南京铁道职业技术学院　副教授）
　　　　　周云娣（南京铁道职业技术学院　讲师）
　　　　　陈　谦（南京铁道职业技术学院　讲师）
　　　　　黄远春（上海工程技术大学城市轨道交通学院　讲师）
　　　　　田　亮（深圳城市轨道交通运营公司　工程师）
　　　　　文　杰（杭州城市轨道交通运营公司　工程师）
　　　　　任志杰（宁波城市轨道交通运营公司　工程师）
　　　　　李国伟（郑州铁路局郑州北站　工程师）
　　　　　薛　亮（沈阳交通高等专科学校　讲师）
　　　　　牛云霞（新疆交通职业技术学院　讲师）
　　　　　张　荣（新疆交通职业技术学院　讲师）
　　　　　苏　颖（新疆交通职业技术学院　讲师）

普通高等学校"十三五"省级规划教材
普通高等学校城市轨道交通专业规划教材

城市轨道交通
运营与信号

第 2 版　　魏化永　　李　锐　编
　　　　　　　李泽军　　陆　炎

中国科学技术大学出版社

内容简介

本书为安徽省高等学校"十三五"省级规划教材,从项目式教学的角度出发,对与城市轨道交通运营与信号相关的知识点进行了全面分析,共分为6个项目、31个任务,包括运营与信号术语、信号定位技术、闭塞系统、联锁系统、ATC系统、CBTC系统操作实践等内容。

本书适合作为高校城市轨道交通专业相关课程的配套教材,也可供相关从业人员参考。

图书在版编目(CIP)数据

城市轨道交通运营与信号/魏化永,李锐,李泽军等编. —2版. —合肥:中国科学技术大学出版社,2019.11

安徽省高等学校"十三五"省级规划教材

(普通高等学校城市轨道交通专业规划教材)

ISBN 978-7-312-04728-2

Ⅰ. 城… Ⅱ. ①魏… ②李… ③李… Ⅲ. ①城市铁路—交通运输管理—教材 ②城市铁路—铁路信号—教材 Ⅳ. U239.5

中国版本图书馆 CIP 数据核字(2019)第 119228 号

出版	中国科学技术大学出版社
	安徽省合肥市金寨路96号,230026
	http://press.ustc.edu.cn
	http://zgkxjsdxcbs.tmall.com
印刷	合肥市宏基印刷有限公司
发行	中国科学技术大学出版社
经销	全国新华书店
开本	787 mm×1092 mm 1/16
印张	9
字数	230千
版次	2016年8月第1版 2019年11月第2版
印次	2019年11月第3次印刷
定价	42.00元

总 序

　　本套教材以职业岗位能力为依据,根据国家骨干院校城市轨道交通运营管理专业建设要点,结合城市轨道交通通信信号技术、城市轨道交通车辆技术、城市轨道交通机电技术专业的需要,由安徽交通职业技术学院与相关轨道交通运营公司合作编写。

　　本套教材包括《城市轨道交通概论》《城市轨道交通信号基础设备》《城市轨道交通运营与信号》《城市轨道交通客运组织》《城市轨道交通车站设备》《城市轨道交通行车组织》《城市轨道交通列车运行自动控制》《城市轨道交通车辆构造与维护》《轨道交通运营管理综合实训指导书》《轨道交通信号综合实训指导书》《轨道交通车辆综合实训指导书》等。

　　本套教材融合了国内主要城市轨道交通运营企业现场作业的内容,以实际工作项目为主线,在项目中以具体工作任务作为知识学习要点,并针对各项任务设计模拟实训与思考练习,实现了课堂环境模拟现场岗位作业情景及学生自我学习、自我训练的目标,体现了"岗位导向、学练一体"的教学过程。

普通高等学校城市轨道交通专业规划教材
编写委员会

前　言

《城市轨道交通运营与信号》(第1版)于2014年出版,经过5年多的使用,各高校老师提出了许多宝贵意见。本次修订结合各高校教师及专家的意见对第1版中部分知识内容及技能要点作了更新。

本书由6个项目共31个任务组成,主要包括运营与信号术语、信号定位技术、闭塞系统、联锁系统、ATC系统和CBTC系统操作实践等内容。

本书项目一、项目二由江苏航运职业技术学院陆炎编写;项目三、项目四由安徽交通职业技术学院魏化永、李泽军编写;项目五、项目六由安徽交通职业技术学院李锐、魏化永编写。在本书修订的过程中,参考了大量的资料,原上海铁道学院信号系主任、上海申通地铁信号系统专家顾问徐金祥教授提出了许多宝贵的意见。在征得徐金祥、冲蕾同意的情况下,引用了他们主编的相关图书的部分内容,在此深表谢意。

由于编者水平有限,书中难免有不妥之处,恳请各位读者批评、指正。

编　者

目　录

总序 …………………………………………………………………………………………（ⅰ）
前言 …………………………………………………………………………………………（ⅲ）

项目一　运营与信号术语

任务一　线路 ……………………………………………………………………………（3）
任务二　车站 ……………………………………………………………………………（4）
任务三　信号机 …………………………………………………………………………（5）
任务四　道岔 ……………………………………………………………………………（9）
任务五　转换轨 …………………………………………………………………………（10）
任务六　运营术语 ………………………………………………………………………（12）

项目二　信号定位技术

任务一　应答器定位 ……………………………………………………………………（19）
任务二　无绝缘音频轨道电路 …………………………………………………………（20）
任务三　测速定位法 ……………………………………………………………………（21）
任务四　无线扩频定位轨 ………………………………………………………………（21）
任务五　电缆环线定位技术 ……………………………………………………………（22）
任务六　波导管定位 ……………………………………………………………………（23）
任务七　车载列车设备定位 ……………………………………………………………（24）

项目三　闭塞系统

任务一　闭塞 ……………………………………………………………………………（27）
任务二　人工闭塞 ………………………………………………………………………（28）
任务三　半自动闭塞 ……………………………………………………………………（29）

任务四　固定自动闭塞 ……………………………………………………（31）
任务五　准移动闭塞 ………………………………………………………（32）
任务六　移动闭塞 …………………………………………………………（33）
任务七　闭塞方式比较 ……………………………………………………（34）

项目四　联 锁 系 统

任务一　联锁 ………………………………………………………………（39）
任务二　进路 ………………………………………………………………（41）
任务三　进路排列 …………………………………………………………（54）
任务四　联锁表 ……………………………………………………………（64）
任务五　计算机联锁 ………………………………………………………（70）

项目五　ATC 系统

任务一　ATC 系统 …………………………………………………………（75）
任务二　基于轨道电路的 ATC 系统 ………………………………………（78）
任务三　基于无线通信的 ATC 系统 ………………………………………（79）

项目六　CBTC 系统操作实践

任务一　ATS 系统基本操作 ………………………………………………（93）
任务二　ATP 系统基本操作 ………………………………………………（105）
任务三　ATO 系统基本操作 ………………………………………………（116）
任务四　CBTC 系统后备模式基本操作 …………………………………（122）

参考文献 ……………………………………………………………………（131）

project 一　运营与信号术语

城市轨道交通线路主要由正线、辅助线、车场线组成,其中辅助线主要包括折返线、渡线、停车线、车辆段出入线和联络线等。地铁车站由站台层、站厅层、设备层以及出入口组成。地铁站台按照线路分布情况,又可分为岛式站台、侧式站台及混合式站台。信号机按照一定的原则来设置,并通过不同的显示来展现不同的意义。对于道岔、转换轨及运营术语,我们也要有一定的了解。

任务一 线 路

正线是指供载客列车运行的线路,贯穿所有车站和区间。城市轨道交通正线是独立运行的线路,一般按双线设计,采用右侧行车制。大多数线路为全封闭设计,与其他交通线路相交处,一般采用立体交叉设计。辅助线是指为空载列车进行折返、停放、检查、转线及出入段作业所运行的线路,包括折返线、渡线、停车线、车辆段出入线和联络线等,如图1-1所示。

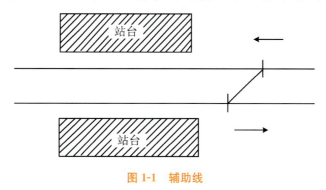

图1-1 辅助线

当全线客流分布不均匀时,可组织区段运行,即在尽头站与中间站或中间站与中间站之间进行列车折返,在这些地方需要为列车设置折返线,如图1-2所示。

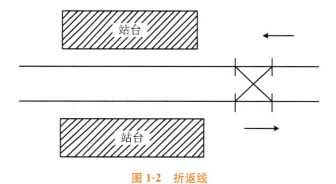

图1-2 折返线

贯通式折返线如图1-3所示,折返列车可经两端的渡线进出。根据折返线的位置不同有以下几种布置形式:横列式(折返线与车站站台平行并列布置);纵列式(折返线与车站站台沿正线列车到达方向纵列布置,根据折返线位置的不同又有外包式和一侧式之分)。

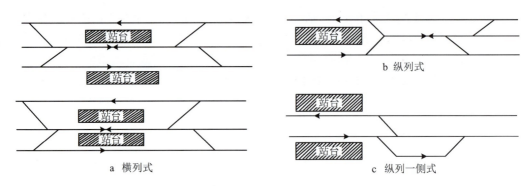

图 1-3　贯通式折返线

停车线一般设置在端点站,如图 1-4 所示,专门用于停车,也可进行少量检修作业。

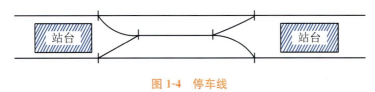

图 1-4　停车线

车辆段出入线如图 1-5 所示,在轨道交通沿线适当的位置设置,以保证运行列车的停放和检修。车辆段与正线连接的线路为车辆段出入线。

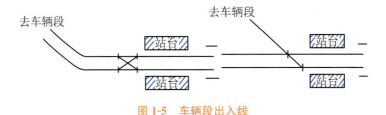

图 1-5　车辆段出入线

在整个城市轨道交通网络中,要使同种制式的线路实现列车过轨运行,这种过渡一般需要通过线与线之间的联络线来实现。

任务二　车　　站

轨道交通系统的车站一般由四部分组成:
(1) 车站大厅及广场,客流聚集的地方。
(2) 售票大厅,向乘客出售列车客票的地方。
(3) 站台,直接供乘客乘降车使用。
(4) 旅客不能到达的地方,如车站办公室、仓库及铁路股道等。

车站是轨道交通线路的分界点和完成各种行车作业的场所。城市轨道交通的车站设置,应方便乘客的集散,所以城市中心区域的站间距离一般在 1~1.5 km,很少超过 2 km。

由于城市轨道交通车站的调车作业很少,因此,其车站的线路结构相对于铁路车站要简单。城市轨道交通的车站,一般不设用于列车"交会"和"待避"的股道,当然也不设道岔,只设置用于乘客候车的站台。

根据车站设置,站台主要有两种结构:一是设置于上、下行线路之间的站台,为"岛式"站台;二是设置于上、下行线路一侧的站台,为"侧式"站台,如图 1-6 所示。由于地铁车站大都在隧道内,为了减少隧道的截面积,所以多数是岛式站台,而地面车站大部分是侧式站台。在线路两端的车站为了进行列车折返调车作业,所以必须设置道岔、信号机和相应的折返线、存车线等;另外,在一些主要车站,为了进行"区段折返"和临时存车,也应设置道岔和相应的线路。

在城市轨道交通线路中,一般隔 3～5 个车站设置一个区段折返站;折返站必须设置道岔,所以又称"有岔站";在信号系统中,一般将"有岔站"称为"联锁集中站",把信号系统的联锁设备集中设置于联锁集中站的信号设备室;"无岔站"的信号设备都设置于邻近的联锁集中站。

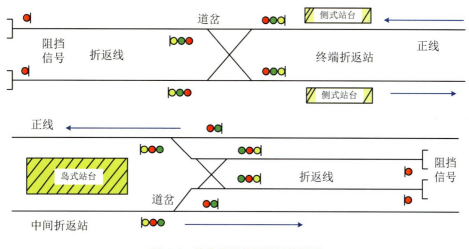

图 1-6　站台常见的两种结构形式

任务三　信　号　机

在城市轨道交通列车运行自动控制(ATC)系统中,列车运行以车载信号为主体信号,地面信号只有在车载信号故障的情况下才起作用(降级模式)。城市轨道交通的正线区段中间站都是"无岔站"(不设置地面信号机),只有在具有折返功能的车站(中间折返站和终端折返站),在其道岔区域才设置地面信号机。

城市轨道交通车站一般不设进、出站信号机,在正向出站方向的站台侧,列车停车位置前方的适当地点,设置发车指示器,指示列车停站时间结束。

城市轨道交通的有些线路在 ATC 系统没有完全开通的情况下,就已经投入运营,而且采取"固定闭塞"的方式运行。因此,线路会根据运营需要设置进、出站信号机,甚至还会设置区间通过信号机,有的线路也只设出站信号机。但是,当 ATC 系统开通以后,这些信号机就失去了作用,只作为后备系统使用。在 ATC 系统正式运行的情况下,城市轨道交通线路中"有岔站"的道岔区域,仍设有地面信号机,这些信号机在 ATC 系统的控制下,都设置为自动信号,不需要人工参与信号控制;当然,在特殊条件下,也可以进行人工控制。

一、信号机设置的特点

城市轨道交通信号机设置的基本特点如下:
(1) 正线区间内不设通过信号机。
(2) 正线无岔站不设地面信号机,有岔站设有道岔防护信号机。
(3) 折返站的折返线出入口设置防护信号机。
(4) 停车场的出入库线设置出、入库地面信号机,指挥列车的出、入库。
(5) 停车场内,根据调车作业的需要,设置各种用途的调车信号机。
(6) 地面信号机均为矮型信号机。

图 1-7 为城市轨道交通的一个中间折返站(有岔站)。有道岔的地方就需要设置地面信号机进行防护,以确保行车安全。根据城市轨道交通地面信号布置原则,该折返站需要设置 6 架地面信号机。其中 X1 信号机所发出的信号是阻挡信号,阻挡列车驶出折返线的尽头。X5 信号机所发出的信号是列车从折返线(存车线)驶入正线的防护信号,X5 信号机开放时,允许列车从折返线(存车线)进入正线。X9 和 X11 信号机所发出的信号,为列车从由正线车站站台驶向折返线(存车线)的防护信号,一般情况下 X11 信号机所发出的信号为正向信号,而 X9 所发出的信号为反向信号。X11 信号机不仅可以指示列车通过 3 号道岔反位进入折返线;也可以指示列车经 3 号道岔定位出站,进入正线区间继续运行,因此,也可以说 X11 信号机是防护 3 号道岔的信号机。X3 信号机防护 1 号道岔,指示列车经 1 号道岔定位进站。X7 信号机为反向防护信号,指示列车经 3 号道岔定位进站。

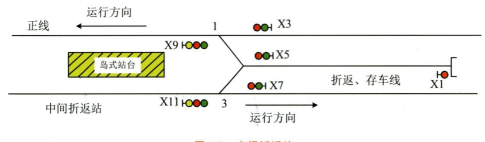

图 1-7 中间折返站

二、信号机的设置

联锁区管辖范围确定后,应对线路、道岔进行编号,确定道岔定位位置后设置信号机。

1. 信号机设置的原则

（1）一般设于线路的右侧

城市轨道交通采用右侧行车制，且司机座位设在驾驶室的右边，所以地面信号机应设在列车运行方向的线路右侧（以便于司机观察信号）。线路位于地下时，信号机一般安装在隧道壁上；在特殊情况下，如线路右侧没有装设信号机的条件或因曲线、隧道、桥梁等影响，装在左侧或其他位置比装在右侧效果更好，在保证不使司机误认的条件下，同时经城市轨道交通公司批准后，可以设在线路左侧。

（2）信号机的设置位置

信号机应该尽可能靠近线路设置，但应遵守建筑接近限界的要求，绝对不允许侵入限界。在弯道上设置信号机时，限界要根据规定尺寸加宽；有时因为地形地物影响视线，也可以考虑设在离线路较远的地点。

直线地段的设备限界是在直线地段车辆限界外扩大一定安全间隙后确定的：车体肩部横向向外扩大 100 mm，边梁下端横向向外扩大 30 mm，接触轨横向向外扩大 185 mm，车体竖向加高 60 mm，受电弓竖向加高 50 mm，车下悬挂物下降 50 mm。

曲线地段设备限界应在直线地段设备限界的基础上，按平面曲线不同半径过超高或欠超高引起的横向和竖向偏移量，以及车辆、轨道参数等因素计算确定。

（3）信号机柱的选择

由于隧道内安装空间有限，一般采用半高柱信号机（最低灯位距轨面为 1.2 m）或矮型信号机。

2. 各种信号机的设置规定

在 ATC 控制区域线路上的道岔区设置防护信号机，其他类型的信号机可根据需要设置。《地铁设计规范》对信号机的设置未作具体规定，各地城市轨道交通的信号机设置可能不尽相同。

（1）防护信号机

正线上的道岔区设防护信号机。防护信号机设于道岔岔前和岔后的适当地点，如图 1-8 中的 F1～F8 所示。防护信号机一般应设引导信号。

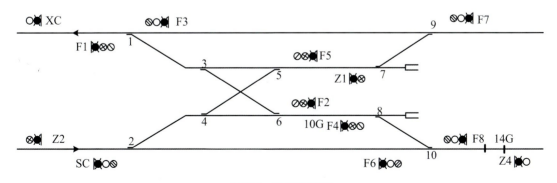

图 1-8 防护信号机

（2）出站信号机

车站一般不设进站信号机，在正向出站方向设出站信号机，如图 1-8 中的 SC、XC 所示。在正向出站方向的站台侧列车停车位置前方适当地点设置发车指示器。

(3) 阻挡信号机

在线路尽头设阻挡信号机,图 1-8 中的 Z2、Z4 则是折返列车的阻挡信号机。

(4) 区间通过信号机

区间通过信号机是为后备模式设置的。下行方向的以 XQ1、XQ3……命名,上行方向的以 SQ2、SQ4……命名(其命名规则因信号厂家不同而不同)。它们的设置位置要依据后备模式下运行间隔并通过牵引计算确定,通常列车运行间隔按 240 s 计算。

3. 信号机命名

正线上的防护信号机的编号规则为(以图 1-8 为例):下行方向编为单号,上行方向编为双号,按站内向站外顺序编号[这里以中国铁路通信信号股份有限公司(以下简称通号公司)信号命名为例]。或以运行方向分别冠以"X""S",并下缀编号。为区别所在车站,可在编号后缀车站编号,用字母表示,如 X3E 指的是该线第五个车站的 X3 信号机;或在编号前缀车站编号,用数字表示,如 X1001 指的是该线第十个车站的 X1 信号机。

出站信号机按运行方向命名为 XC、SC。

阻挡信号机冠以"Z",下缀编号,下行方向编为单号,上行方向编为双号,按站内向站外顺序编号。

区间通过信号机按运行方向命名为 XQ、SQ,下缀编号,下行方向编为单号,上行方向编为双号。

或者根据业主要求进行命名。如上海轨道交通公司规定,信号机命名为"X—车站编号—设备编号"。上行编为奇数,下行编为偶数,从站外向站内按顺序编号,距离相同时从上向下按顺序编号。

4. 信号机的灯光配列

(1) 防护信号机

防护信号机采用三显示机构,自上而下灯位为黄(或月白)、绿、红。

按设置位置不同,有不同的灯光配列。其中,F1 兼作出站信号机,不允许反方向直行,绿灯封闭;F2、F4、F5 不允许反方向直行,绿灯封闭;F3、F6 没有侧向位置,不点单黄灯,黄灯仅作为引导信号用;只有 F7、F8 既有直向位置,又有侧向位置。

(2) 出站信号机

出站信号机 XC 仅指示出站,采用二显示机构,自上而下灯位为绿、红。SC 兼作防护信号机,采用三显示机构,自上而下灯位为黄、绿、红。其中 B 站的 SC 没有侧向位置,黄灯封闭。

(3) 阻挡信号机

阻挡信号机 Z1、Z2,采用二显示机构,绿灯封闭。Z4 可兼作区间通过信号机,绿灯不封闭。

(4) 区间通过信号机

区间通过信号机采用二显示机构,自上而下灯位为绿、红。

5. 信号显示意义

《地铁设计规范》对信号显示未作统一规定,由各地轨道交通部门自行规定。

采用基于通信的列车运行控制系统(CBTC)的轨道交通线路,除线路尽头的阻挡信号机常点红灯外,正线的所有信号机(含反向阻挡信号机)在 CBTC 模式下常态灭灯,只有在降级模式下点灯。

一般而言,三显示机构的绿灯点亮表示进行,开通直股;黄灯(或月白)表示进行,开通弯股;红灯表示停车。引导预告为黄(或月白)、红灯同时点亮。

有些城市在采用CBTC的轨道交通线路中,正线信号机增加蓝灯显示。CBTC在正常运用时显示蓝灯。

任务四　道　　岔

城市轨道交通车站的道岔编号,有些与铁路车站的道岔编号相同,但是由于不少城市采用不同厂商的ATC系统,所以在道岔编号的方式上也不尽相同,如图1-9所示,由于城市轨道交通设有道岔的车站,基本上都是折返站,而折返站的道岔又都偏在站台的某一侧,所以它不宜以上、下行侧编号,图1-9中的车站,从始发站开始计,它是第5个车站,因此道岔编号的第一位数为5,然后由站外向站内按顺序编号为501、502、503、504……双动道岔应连续编号。

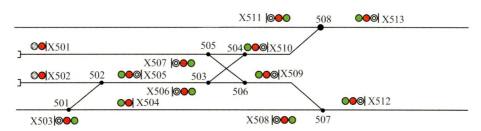

图1-9　城市轨道交通道岔信号机编号示意图

有的线路规定了上行和下行运行方向,线路中所有的信号机、道岔、轨道区段可以按照上行双数、下行单数的原则编号。图1-10为上海轨道交通3号线中山公园站的站场布置示意图。其中中山公园站是一个联锁集中站(有岔站),站台为岛式站台,站内设有信号机和道岔;金沙江路站是无岔站,站台为侧式站台。上海轨道交通3号线,列车朝上海南站方向运行为下行,向江杨北路方向运行为上行。3号线从上海南站到江杨北路,用大写英文字母为每个联锁集中站编号。中山公园是第五个联锁集中站,因此道岔、信号机、轨道区段编号的末尾为"E"。中山公园站的道岔由站外向站内按顺序编号为2E、4E、6E……轨道区段的编号也按照上行线双数编号、下行线单数编号。信号机按照其所在位置是上行咽喉还是下行咽喉编号,上行咽喉按双数编号,下行咽喉按单数编号。

因此,城市轨道交通的车站道岔编号方式,可以根据各个城市的实际情况作相应的调整。

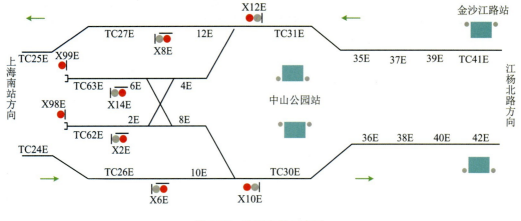

图1-10 站场布置示意图

任务五 转 换 轨

城市轨道交通一般不设置进站信号机和出站信号机，但是为了防护列车由停车场进入正线运行，或防护列车由正线退至停车场，应在停车场出入库线与停车场相邻的联锁集中站的分界点处，设置出库与入库信号机。

城市轨道交通停车场的信号系统往往采用计算机联锁系统，轨道电路采用单轨条回流的50 Hz相敏轨道电路，而正线为ATC系统。所以，列车在停车场出入库处，必须设置一段信号系统的转换区域，以确保信号系统的转接。停车场的出、入库信号机，一般都设为矮型信号机，这是由于列车出入库的速度都比较低的缘故，当然考虑到信号显示距离，根据线路条件也可以设置成高柱，信号机都设置于列车运行方向的右侧。下面我们以图1-11的停车场出入库信号机配置方法为例，予以说明。

一、从停车场进入正线

如图1-11所示，当有列车要由停车场出入库线A(或B)进入正线，列车在ATC入口信号机X102(或X104)外方，通过初始化信标，车载控制器接收初始化信标的地点信息，为进入正线运行接收距离信息创造条件；并通过AP接入点，使出库列车与相关区域控制器交换信息，使该列车成为通信列车。当ATC入口信号机X102(或X104)开放，列车驶入转换区域TZ2(或TZ1)停车。列车在转换区域停车期间，区域控制器为该列车进入正线运行准备进路；当进路完成，转换信号机X110(或X114)开放，允许该通信列车作为时刻表列车，正式投入正线运行。所以，列车在ATC入口信号机外方，系统使该列车建立定位，并成为通信列车；列车越过ATC入口信号机进入正线，系统使列车成为受ATC控制的列车，从而其列车驾驶模式由人工驾驶转换成自动驾驶（ATO）模式或轨旁信号防护模式（WSP）。关于轨旁信号防护（WSP）模式，请参阅 CBTC 系统降级运行模式。

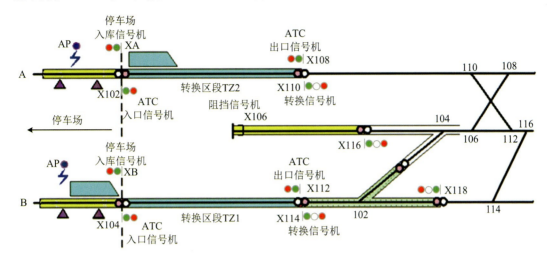

图 1-11　停车场出入库处与相邻的联锁集中站信号布置图

二、从正线进入停车场

当运行的列车需要退出正线，返回到停车场时，按照时刻表或自动监控（ATS）操作员的命令，为 ATO 驾驶模式（或 WSP 驾驶模式）运行的列车，请求一个从 ATC 出口信号机（X108 或 X112）开始的退出进路，停车场值班员也将同样办理一条从车辆段入口信号机（XA 或 XB）到停车场的退出进路。一旦停车场进路建立，而且停车场入口信号机（XA 或 XB）显示允许信号，区域控制器就可以控制 ATC 出口信号机（X108 或 X112），显示为允许信号。列车在转换区域运行过程中，系统将通过 TOD（司机显示单元）通知司机允许退出，并将 ATO 驾驶模式（或 WSP 驾驶）切换到限制人工向前（RMF）模式；这样，司机就可以以 RMF 模式驾驶列车离开 ATC 区域。一旦列车完全离开 ATC 区域，进路将自动解锁，该列车的跟踪示意也将从 ATS 显示屏上消失。

实际上，列车在转换区域因为要转换驾驶模式，所以列车在该区域必须先停车，然后才能转换驾驶模式。

任务六　运营术语

一、城市轨道交通列车运行方案和运行间隔

我国城市轨道交通大多采用单一交路、站站停车的列车运行方案，随着某些大城市轨道交通线路的不断延伸加长和多线网络化换乘的形成，列车运行组织更趋复杂，需要考虑线路各区段客流相差悬殊时或不同轨道线路共线运行时，如何采用相适应的列车运行方案，实现乘客服务水平、资源合理利用和各项运营指标的最优化。列车运行方案主要包括列车交路计划和列车停站计划两方面内容。

（一）列车交路计划

列车交路计划主要有折返方式和交路方式两方面内容。

1. 折返方式

折返方式分为站后折返、站前折返和混合折返。

采用站后折返的优点是：出发列车与到达列车不存在敌对进路，折返作业时空载（不载客）运行，折返线还可当作临时存车线；其缺点是：列车折返走行距离较长。站后折返示意图如图 1-12 所示。

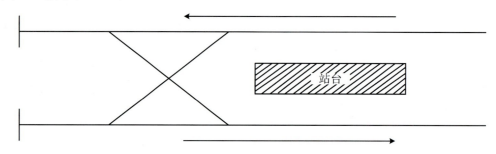

图 1-12　站后折返示意图

采用站前折返的优点是：列车折返走行距离较短，乘客同时上下可节省停站时间；其缺点是：出发列车与到达列车存在敌对进路，折返作业时载客运行（影响乘客舒适感）。站前折返示意图如图 1-13 所示。

采用混合折返兼有站前折返和站后折返的特点，能够提高列车折返能力与线路通过能力，更有利于行车组织调整，适用于对折返能力要求较高的终点站。混合折返示意图如图 1-14 所示。

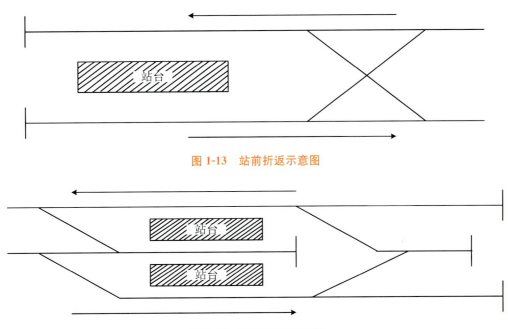

图 1-13　站前折返示意图

图 1-14　混合折返示意图

2. 交路方式

交路方式分为长交路、短交路和长短交路。

长交路是指列车在线路的两个终点站间运行，行车组织较为简单，但在各区段客流不均衡程度较大的情况下，客流较小区段会产生运能浪费现象。长交路示意图如图 1-15 所示。

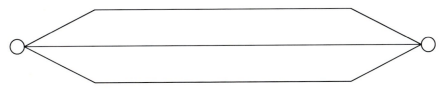

图 1-15　长交路示意图

短交路是指列车在线路的各部分区段内往返运行，在指定车站折返，对不同客流区段的运能来说较为经济，但双向折返站需要换乘，会给乘客带来不便。短交路示意图如图 1-16 所示。

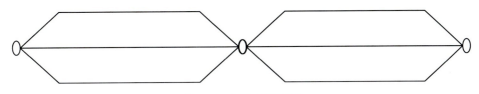

图 1-16　短交路示意图

长短交路也称大小交路，是指列车在线路上既有采用长交路方式运行的，也有采用短交路方式运行的，它兼有长交路和短交路的特点，对中间折返站的运营组织要求较高。长短交路示意图如图 1-17 所示。

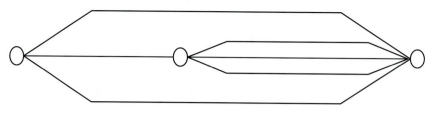

图 1-17 长短交路示意图

（二）列车停站计划

列车停站计划主要有分段停站和跨站停站两种方案。

1. 分段停站

分段停站在长短交路的基础上，规定长交路运行列车在短交路区段外站站停车，在短交路区段内不停车通过；而短交路运行列车在短交路区段内站站停车。此方案减少了长交路列车的停站次数，缩短了长途乘客的旅行时间，但也带来候车、换乘不便等问题。分段停站示意图如图 1-18 所示。

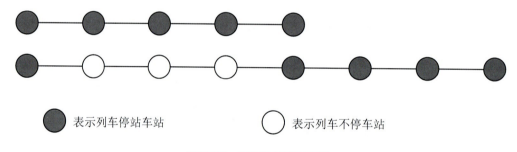

图 1-18 分段停站运行方案

2. 跨站停站

跨站停站是将全线车站分为 A、B、C 三类，规定运行列车既有只停 A 类站和 C 类站的（B 类站跳停），也有只停 B 类站和 C 类站的（A 类站跳停）。此方案不仅减少了停站次数，缩短了乘客的旅行时间，还加速了车辆周转速度，减少了车辆使用数量，但也带来候车、换乘不便等问题。跨站停站适用于 C 类站客流较大，而 A、B 类站客流较小，且长途乘客较多的线路，其示意图如图 1-19 所示。

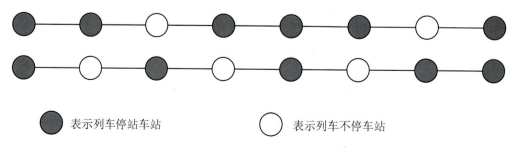

图 1-19 跨站停站运行方案

列车运行最小间隔是城市轨道交通系统技术经济参数之一,因各国建设标准不完全相同所以规定有所不同,它有列车最小时间间隔和列车最小空间间隔两种理解方式。从轨道交通系统的技术经济参数上来讲,大多是指列车最小运行时间间隔。它与信号区间闭塞设计能力、折返设计能力等各方面因素有关。目前世界上对列车运行最小间隔的技术经济参数大多定为 2 min。在运营过程中,应根据每列车编组车厢数、每节车辆定员数、最高时速、每小时单向最大运送能力等其他技术经济指标,同时综合考虑平均时速、实际运送需求等情况,制定针对不同时段、不同区段的最为合理的列车运行间隔时间。

二、城市轨道交通列车时刻表和运行图

列车运行图是利用坐标原理来表示列车运行时空关系的图解形式。在轨道交通系统中,列车运行图规定了列车占用区间的次序,每站出发、到达或通过的时间,区间运行时分,停站时分。它是列车运行的一个综合性计划,是城市轨道运行组织的基础,是协调城市轨道系统各单位部门按一定程序进行生产活动的重要文件,与安全、效益和能力密切相关。

编制城市轨道交通运行图时需综合考虑线路布置条件、折返站布置形式、可用列车数量、列车交路方式、车场位置与出入库方式、客流的时间与空间分布特点等各类因素。由于城市轨道交通系统具有列车运行间隔小、站间距离短、车站线路布置比较简单等特点,因此城市轨道交通运行图的编制与铁路相比有其特有的复杂性。

列车运行图有两种输出方式:时刻表和图解表。图解表又称时距图(Distance-Time Diagram),它利用坐标原理表示列车运行状况和行车时间,将列车看作一个质点,斜线就是列车运行轨迹,代表列车的运行线。一般是以横坐标为时间(t),以纵坐标为距离(s),综合反映全日行车计划。图 1-20 为列车运行交路的图解。

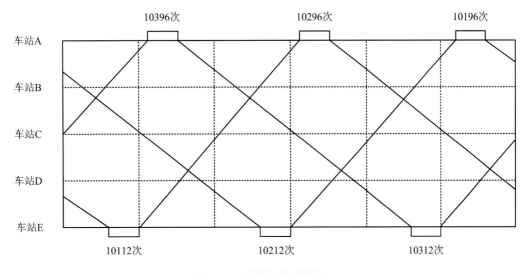

图 1-20　列车运行交路图

时刻表的编制依据是列车运行图,反映各区间上下行列车运行时间和沿途各车站列车停站时间标准。简易列车时刻表可人工编制,实施自动监控的列车时刻表可使用计算机编制,并生成列车运行图。通常先编制上下行载客列车时刻表,再编制出入场空驶列车(含早

晚职工通勤列车)时刻表。

  由于城市轨道交通系统开行密度较高,时刻表按照不同使用范围可分为对内使用的时刻表和对外公布的时刻表两种。对外公布时刻表主要包括开行时段、开行密度以及首末班列车时刻表,表 1-1 列举了上海轨道交通 1 号线时刻表。

表 1-1　上海轨道交通 1 号线时刻表

名　称	时段	列车间隔		
		往莘庄	往上海火车站	往共富新村
早高峰	7:00～9:30	约 3 min	约 3 min	约 9 min
晚高峰	16:30～19:30	4～5 min	4～5 min	11 min
一般时段	9:30～16:30	5～8 min	5～8 min	约 10 min
	19:30～22:00			
其他时段	首班车～7:00	6～9 min	6～9 min	15 min
	22:00～末班车			

周一至周五 (表头)

项目二　信号定位技术

在城市轨道交通行车安全和指挥系统中,列车定位是一项关键性技术。准确、及时地获取列车位置信息,是列车安全、有效运行的保障,也是区分不同信号系统的关键。

列车定位系统能够在任何时刻、任何地方按要求确定列车的位置,包括列车行车安全的相关间隔、速度;对轨旁设备和车载设备等资源进行分配和故障诊断;在局部出现故障时,能够在满足一定精度要求的前提下降级运行。列车定位方式按照空间可用性分为离散方式、连续方式和接近连续方式。按照产生定位信息的不同部分分为完全基于轨旁设备的方式、完全基于车载设备的方式以及基于轨旁设备和车载设备的方式。

列车定位技术在现代轨道交通行车安全和指挥系统中的作用主要体现在以下几个方面:

(1) 为保证安全列车间隔提供依据。

(2) 在某些 ATC 系统中,提供区段占用/出清信息,作为转换轨道检测信息和速度控制信息发送的依据。

(3) 为列车自动防护(ATP)子系统提供准确位置信息,作为列车在车站停车后打开车门以及站内屏蔽门的依据。

(4) 为列车自动运行(ATO)子系统提供列车精确位置信息,作为列车计算速度曲线、实施速度自动控制的主要参数。

(5) 为列车自动监控(ATS)子系统提供列车位置信息,作为显示列车运行状态的基础信息。

(6) 在某些 CBTC 系统中,作为无线基站接续的依据。

任务一　应答器定位

查询应答器是铺设在轨道中央、反映线路绝对位置的物理标志。该装置能够给列车提供位置、路况等信息,分为有源和无源两种。它可以用作连续式列车速度自动控制系统的列车精确定位设备(这时应答器内部储存的数据是固定的),也可以用作点式列车速度自动控制系统的列车检测、定位辅助设备,作为系统向列车传输数据的通道。列车通过后将列车车载设备测量的距离与该信标在数据库中的位置进行比较,从而消除列车位置测量的误差。采用这种方法,想要准确定位就必须在轨道上设置大量的应答器(如图 2-1 所示)。

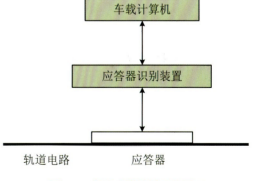

图 2-1　基于应答器的定位原理

每一个查询应答器都存储着它本身的识别号码,还存储着下一个查询应答器的识别号码、到达下一个查询应答器的距离以及绝对可靠和安全的列车运行间隔。列车一旦读取了定位查询应答器的识别号码,就可以通过轨道电路等信息的辅助,得到列车在轨道上的绝对位置信息。查询应答器内部的信息由列车上的查询应答器识别装置读取,由车载计算机判别一个查询应答器的信息是否被成功地读取、处理,如图2-1所示。轨道电路及测速装置对列车在相邻两个查询应答器之间已经走行的距离进行计算,并综合绝对位置信息,产生一个完整的列车位置信息,再送往车载计算机,作为列车运行控制的依据。当列车每经过一个查询应答器时,都会得到一个新的绝对位置信息,同时校正轮轴传感器的测距误差。

能量传输频率 $f_1=27.095$ MHz;应答器数据传输载频 $f_2=4.237$ MHz。

调制方式 FSK 逻辑"1"$+282$ kHz;逻辑"0"-282 kHz。

码长:短格式 341 bit(210 bit 可用),长格式 1023 bit(829 bit 可用)。

如图 2-2 所示,无源应答器天线首先以一定的频率通过电磁感应方法将能量传递给应答器;应答器内部电路在接收到能量后即开始工作,将所储存的数据以某种调制方式通过电磁感应传送到车上。

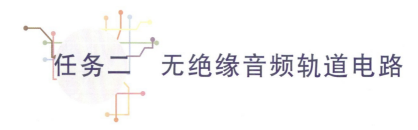

图 2-2　无源应答器信息传输原理

车载设备一般可接收到一条安全的数字应答器报文,该报文给出了应答器的标志,尤其是该应答器中心点的地理位置。应答器支持安全定位,安全检测精度是应答器安全定位系统参数之一。为了实现应答器的安全定位,当车载天线距应答器的距离超出给定的距离时,列车接收不到应答器报文。

任务二　无绝缘音频轨道电路

无绝缘音频轨道电路采用自然衰耗、短路线法等电气方法实现轨道区段的分割。目前广为采用的是 S 型音频轨道电路。S 型音频轨道电路能确保相邻轨道区段的信号互不干扰,同时平衡两条钢轨的牵引回流。在同一区段的音频信号发送端和接收端,由电容器 C 与两段钢轨组成调谐于某一轨道信号载频的 LC 并联谐振电路,从而使得该载频信号能够被加在区段上,并被选择接收,如图 2-3 所示。

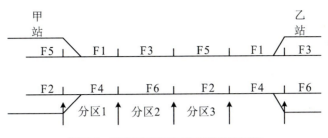

图 2-3　无绝缘音频轨道电路定位原理

任务三　测速定位法

在轨道电路定位法和计轴器定位法中，车在区间的始端还是终端是无法判断的，对列车定位时产生的最大误差就是一个区段的长度。为了得到较为准确的位置信息，在计算具体位置信息时通常要引入列车的即时速度信息。引入测速信息后可大大减小定位的误差。目前使用较多的列车测速方法是：通过测量车轮转速，然后将车轮转速换算为列车直线速度。

先使传感器输出的脉冲信号频率与轮轴转速成正比，并通过对脉冲信号频率进行一系列换算先得出速度，再将速度对时间进行积分得到距离。

$$V = \pi \times f \times D \times 3.6/N (\text{km/h})$$

得到 $V \propto f$。

f：输出脉冲的频率；

D：车轮的直径；

N：传感器每转输出的脉冲个数。

测出传感器输出的脉冲频率后，即可求得车轮运动的线速度 V，如果不考虑空转和打滑因素，此线速度即为列车运行速度，运行距离为

$$S(t) = \int_0^t V(u) \mathrm{d}u$$

将积分转化为和的形式，若选取各时段（处理周期）相等，$t_i = T$，则上式应该写为

$$S(n) = \sum_{i \leqslant n} V_i t_i = T \sum_{i \leqslant n} V_i$$

任务四　无线扩频定位轨

如图 2-4 所示，在地面设置测距基站和中心控制站，在列车两端安装无线扩频通信发射

机,发射机向地面测距基站发射定位信息,测距基站的位置是固定不变的,所有的测距基站都由同步时钟精确同步。测距基站收到定位信息后计算出位距,送至中心控制站进行信息处理,测距基站计算机或车载计算机利用不同测距基站传输信息的时间延时可以精确计算出列车的位置。其结果显示在电子地图上,并以无线方式传递到机车上。

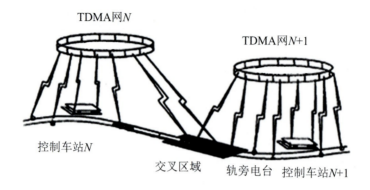

图 2-4　无线扩频原理示意图

任务五　电缆环线定位技术

在两根钢轨之间敷设交叉感应回线：一条线固定在轨道中央的道床上,另一条线固定在钢轨的颈部下方,它们每隔一定距离作交叉,中央回线就像一个天线。当列车驶过一个交叉点时,利用信号极性的变化引发地址码加 1,车载控制系统根据地址码计算出列车的地理位置,并对从列车转速转化的里程记录进行误差修正。由于感应回线是列车与地面之间的信息通道,利用极性交叉这种方法一方面可实现列车的定位,另一方面也起到了抗牵引电流干扰的作用,如图 2-5 所示。

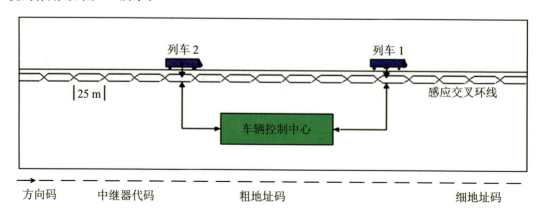

图 2-5　基于电缆环线的列车定位方法

当接收到的地址码为 00100001011010 时,解码如下：

(1) 列车为下行方向;
(2) 中继器代码为:010(4♯中继器);
(3) 粗地址码为:0001011(十进制的 11),即列车处于第 11 环路;
(4) 细地址码为:010(十进制的 2),即列车处于第 11 环路的 25×1/8×2=6.25(m)处。
列车位置最终定位为:位于 13 081.25 m 处。

$$25 \times 128 \times 4 + 25 \times 11 + 6.25 = 13\,081.25\,(\mathrm{m})$$

任务六　波导管定位

裂缝波导是一种中空的铝质矩形方管,在其顶部每隔一定间隔开有窄缝,采用连续波频率通过裂缝耦合出不均匀的场强,对连续波的场强进行采集和处理,并通过计数器确定列车经过的裂缝数,从而计算出列车走行的距离,确定列车在线路中的位置。

当控制中心发射出的电磁波沿电缆导线传输时,在电缆内传输的电磁波从外导体槽孔辐射到周围空间,并在波导管外部产生漏泄场,因而车载设备能够接收到地面发送的信息;同样,车载设备发出的电磁波,在电缆外部产生漏泄场,也会耦合到电缆内,实现与控制中心的通信。其原理如图 2-6 所示。

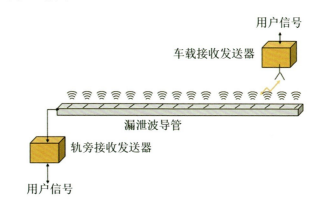

图 2-6　漏泄波导管原理示意图

任务七　车载列车设备定位

车载定位设备主要采用速度传感器和加速度计相结合的方式实现列车移动的速度和走

行距离的测量。

　　轨道电路定位方式的优点是经济、方便、可靠性高，既可以实现列车定位，又可以检测轨道的完好情况；缺点是定位精度取决于轨道电路的长度，不精确，无法构成移动闭塞。

　　查询应答器定位方式的优点是在地面应答器安装点的定位精度较高，在复线铁路上可以正确区分列车的行驶股道，维修费用低，使用寿命长且能在恶劣条件下稳定工作；缺点是只能给出点式定位信息，存在设置间距和投资规模的矛盾。

　　基于测速的列车定位是一种典型的增量式相对定位，缺点是存在累计误差，在定位精度要求较高的地点，需要用其他的方法不断校正其位置信息。

　　无线扩频列车定位的优点是定位比较精确，但需要在沿线设置专用扩频基站，投资成本较高。

　　交叉感应回线定位方式成本较低，实现也比较简单，但只能实现列车的相对定位，每隔一段距离就要对列车的位置进行修正，而且定位精度受交叉区长度的限制，如果交叉区比较窄，位置脉冲漏计的可能性增大。

　　由于单一的定位系统偶然的故障会导致整个系统无法正常工作，甚至会给重要的系统造成灾难性的后果；而且每一种定位的方法总有其固有的缺点，单一的定位方法无法在定位的精度、可靠性和代价之间实现很好的平衡，而多种定位技术集成的优势在于能通过冗余、互补和多种的信息为系统提供更为精确的信息，使整个轨道交通和指挥系统中在安全性、测量精度、可靠性、造价等方面实现一定的平衡。例如，基于测速的列车定位法在轮径变化、打滑或空转时，存在累计误差，此时可以通过增加查询应答器纠正累计误差的方法不断校正其位置信息。在已有的轨道交通和高速铁路交通中采取的定位大多数都是多种方法的综合，最多的是以某种方法为主，其他方法为辅。

项目三 闭塞系统

闭塞是用信号或凭证保证列车按空间间隔运行的技术方法,是指在列车进入区间后,使之与外界隔离起来,区间两端车站都不再向这一区间发车,以防止列车相撞和追尾。闭塞设备即为实现"一个分区内,同一时间只允许一列车占用"而设置的铁路区间信号设备。铁路应用的区间闭塞类型有人工闭塞、半自动闭塞、固定自动闭塞、准移动闭塞和移动闭塞。

任务一 闭 塞

闭塞是为确保列车行车安全,避免正面冲突和追尾等事故的发生,按一定规律组织列车在区间运行的方法。区间是指两个车站(或线路所)之间的轨道交通线路,如图 3-1 所示。

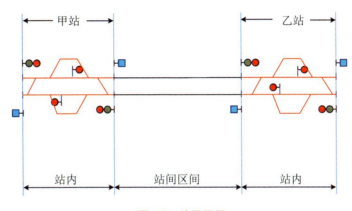

图 3-1 站间区间

实现区间闭塞的基本方法有两种:一是时间间隔法,如图 3-2 所示。列车按照事先规定好的时间自车站发车,使两个列车之间间隔一定的时间运行。但是,当列车在区间内发生了事故(停车或分离等),这种方法就不能保证列车在区间运行的安全。

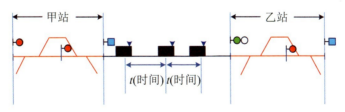

图 3-2 闭塞分区的时间间隔法

二是空间间隔法,如图 3-3 所示。把线路分成若干线段(区间或闭塞分区),在每个线段内,只准许一个列车运行,使前行列车和追踪列车之间保持一定距离。

行车闭塞制式大致经历了如下的发展历程:电报或电话闭塞—路签或路牌闭塞—半自动闭塞—自动闭塞。空间间隔闭塞的分类如图 3-4 所示。

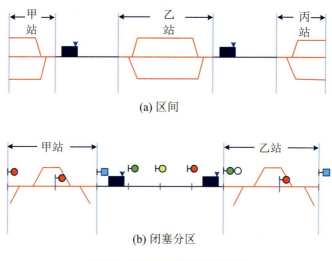

(a) 区间

(b) 闭塞分区

图 3-3 闭塞分区的空间间隔法

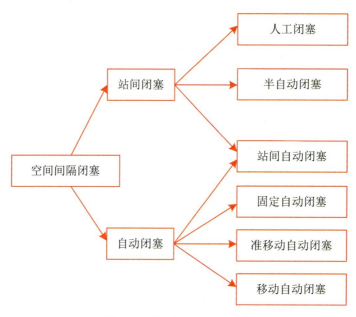

图 3-4 空间间隔闭塞的分类

任务二 人工闭塞

人工闭塞指人工检查区间状态并办理或交接占用区间凭证。作为列车占用区间的"凭证",司机取得"路签或路牌"后,才能驶入区间,而且当列车抵达下一个车站,司机必须将路签或路牌交还给行车值班员,以证明区间已经空闲,允许下一列车再驶入区间。这种闭塞方式在交接凭证和检查区间状态时,都是依靠人工来完成的,所以叫做人工闭塞。人工闭塞的种类如图 3-5 所示。

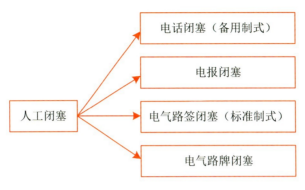

图 3-5 人工闭塞的种类

当城市轨道交通 ATP 子系统发生故障时,列车就接收不到速度(或距离)信号。在这种情况下,经行车调度员的授权,发车站行车值班员用电话通知接车站的行车值班员,做好接车准备。发车站的司机得到"路票"以后,才允许列车出站;列车抵达下一个车站,司机必须将"路票"交还给接车站的行车值班员。城市轨道交通将这种闭塞方式称为"电话闭塞"。

任务三 半自动闭塞

闭塞需人工办理闭塞手续,列车凭出站信号机的显示发车,列车出站后出站信号机自动关闭的闭塞方法称为半自动闭塞。

发车站如果要发车,发车站行车值班员必须与接车站行车值班员配合,办理好闭塞手续后,才能开放发车站的出站信号机;司机根据出站信号机的允许显示驶入区间,列车头部进入出站信号机"内方",出站信号机会自动关闭,实现区间闭塞,不允许后续列车再进入区间;列车到达接车站后,由接车站值班员确认列车完整到达,然后接车站行车值班员向发车站发出闭塞复原信息,使区间闭塞解除。这种方法,既要值班员操纵,又需依靠列车自动动作,所以称之为半自动闭塞。有些城市轨道交通在试运行阶段时,因为 ATC 系统还不完善,所以设计了基于间隔"两站两区间"的半自动闭塞系统,如图 3-6 所示。

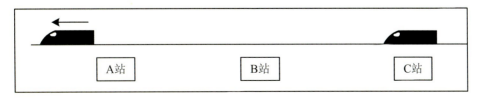

图 3-6 两站两区间模式

通常情况下,当基本闭塞设备或全线联锁设备故障时,所有车站均为闭塞车站。当单个或部分联锁区设备故障时,故障车站及相邻车站为闭塞车站,两个闭塞车站之间即为闭塞区段(闭塞区段与站间区间一致);车站同意闭塞的条件是接车进路准备完毕、前方区间空闲、同方向前次列车出清前方站站台或折返站列车完成折返作业。在此种模式下,两列车的行车间隔为"两站两区间",如图3-6所示。A、B、C均为闭塞车站,AB区间、BC区间为闭塞区段;B站同意C站闭塞请求的条件是:接车进路准备完毕、AB区间空闲、列车出清A站站台;两列车的行车间隔为:A、B站站台,AB、BC区间。

这里再介绍一下铁路64D型继电半自动闭塞实现的方式:以图3-7为例,现在甲站要办理到乙站的发车作业。甲站作为发车站,乙站作为接车站。

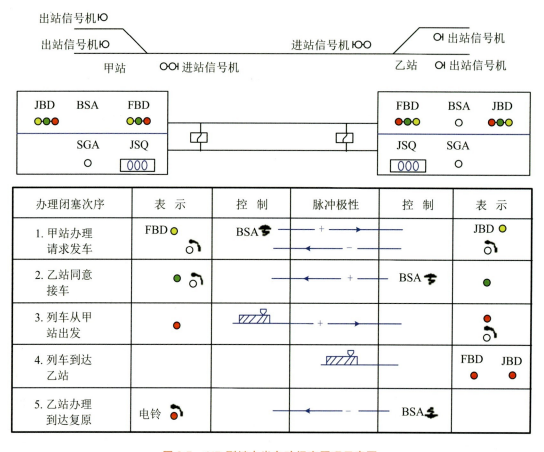

图3-7 64D型继电半自动闭塞原理示意图

(1) 由甲站值班员按下闭塞按钮(BSA),甲站闭塞机发出正脉冲,经过外线送至乙站闭塞机。乙站闭塞机接收到正脉冲,使乙站控制台上的接车表示灯(JBD)点亮黄灯,并让电铃响起,给乙站值班员以声光提示。同时乙站闭塞机发出负脉冲,经外线送至甲站,甲站闭塞机接到该负脉冲,使甲站控制台的发车表示灯(FBD)点黄灯,并使电铃响起,告诉甲站值班员,发出的发车请求已被乙站收到。

(2) 乙站接到甲站的发车请求后,乙站值班员按下BSA,同意接车,乙站JBD亮绿灯。由乙站闭塞机发出正脉冲,经由外线送至甲站闭塞机。甲站闭塞机收到正脉冲,使甲站的FBD亮绿灯,同时使电铃响起,给出声光提示,告知甲站值班员,乙站同意接车。

(3) 甲站值班员开放出站信号机,列车驶出甲站进入区间,此时甲站FBD亮红灯,甲站闭塞机发出正脉冲,告知乙站列车已经出发,乙站 JBD 点亮红灯,电铃响起,表示区间开始闭塞,不允许两站再向该区间办理接发车作业。

(4) 列车到达乙站,确认列车完整到达后,进站信号机关闭,乙站值班员可办理解除闭塞手续。

(5) 乙站值班员拉出 BSA,使乙站闭塞机恢复定位状态,并向甲站发出负脉冲,使甲站闭塞机恢复定位状态,并使电铃响起,给出提示。

任务四　固定自动闭塞

固定自动闭塞指将一个区间划分为若干个闭塞分区,根据列车运行和闭塞分区状态,自动变换通过信号机的显示,司机凭信号显示行车的闭塞方法,如图 3-8 所示。

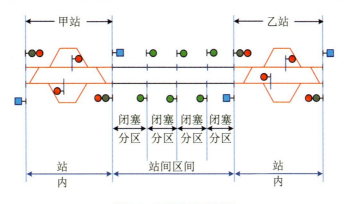

图 3-8　固定自动闭塞法

固定自动闭塞将站间区间分割成若干个闭塞分区,在每个闭塞分区的分界点处设置通过信号机,通过信号机根据列车运行而自动改变其显示。为了完成自动闭塞功能,站内和区间都必须装设轨道电路,轨道电路不仅用于检测列车是否占用轨道区段,而且利用轨道电路传输的信息来控制信号机的显示,并向列车传送机车信号信息,如图 3-9 所示。固定自动闭塞法的特点是:追踪目标点固定、制动点固定、空间间隔长度固定,如图 3-10 所示。

城市轨道交通区间内不设信号机,根据列车运行间隔控制将区间划分成不同长度的轨道区段,每个轨道区段根据与先行列车的距离,通过 ATP 子系统向列车传送速度信息或距离信息。

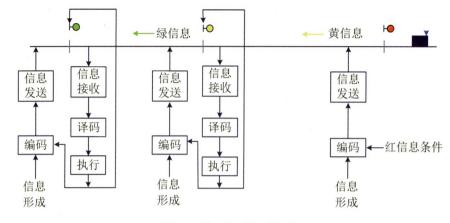

图 3-9 "三显示"自动闭塞

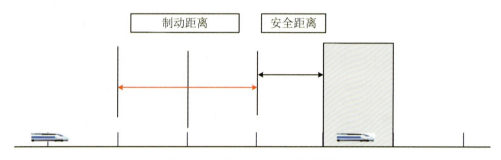

图 3-10 城市轨道交通固定闭塞

任务五 准移动闭塞

与固定闭塞不同的是,准移动闭塞信号系统采用一次模式曲线控制方式,并且可以根据地面信号设备提供的目标速度、目标距离、线路状态(曲线半径、坡道等数据)等信息,由车载设备计算出适合于本列车运行的模式速度曲线。制动的起点可以延伸,但终点总是某一分区的边界(根据每个区段的坡道、曲线半径等参数确定,包含在报文中);运行间隔越短,闭塞分区(设备)数也越多,列车最小运行间隔应≥100 s;采用报文式数字轨道电路,辅之环线或应答器,信息量较大。该模式在城轨信号系统中有过多次运用,例如上海地铁 2 号和 3 号线、广州地铁 1 号线和 2 号线等。

闭塞分区采用的是数字轨道电路单向传输,其特点是:系统设置同固定自动闭塞,但追踪目标点(前行列车所占用闭塞分区的始端)固定、制动点不固定(随线路参数和列车本身性能等不同而变化)、空间间隔长度不固定,如图 3-11 所示。

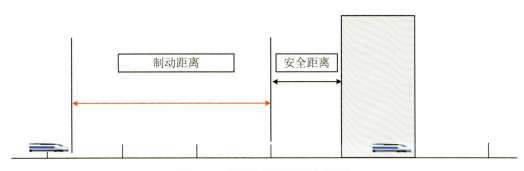

图 3-11 城市轨道交通准移动闭塞

任务六 移 动 闭 塞

在自动闭塞区段,允许多列车运行于同一个区间,列车间隔控制取决于轨道区段的长度,而轨道区段的长度远远超过列车的长度,所以列车运行间隔控制离不开轨道区段长度的划分,显然这种基于轨道电路的信号系统,不可能再缩短列车运行间隔。随着数字信号处理、无线通信和计算机技术的迅速发展,基于车-地双向数据通信的移动闭塞应运而生。在移动闭塞制式下,根据先行列车在线路中的位置,由运行指挥中心向后续列车提供允许运行的安全距离,后续列车依据此安全距离确定运行速度,从而实现列车运行间隔自动调整和列车运行间隔最小化。移动闭塞信号系统是基于无线通信的列车运行控制系统(CBTC)的简称。

在移动闭塞制式下,线路中没有被固定划分的闭塞分区,列车间的间隔是动态的,并随前行列车的移动而移动,列车定位精度一般在 10 m 范围内,该间隔是按后续列车在当前速度下的所需制动距离加上安全余量计算和控制的,以确保不追尾;制动的起始和终点是动态的,对列车的控制一般采用一次抛物线制动曲线的方式,轨旁设备的数量与列车运行间隔关系不大。如图 3-12 所示。

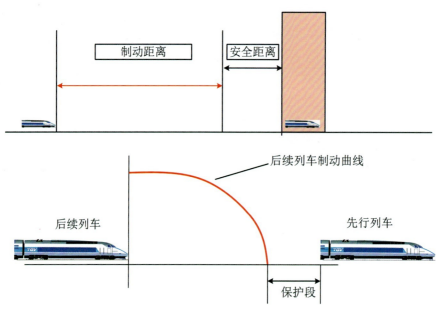

图 3-12 移动闭塞

任务七 闭塞方式比较

常见闭塞制式功能比较如表 3-1 所示。

表 3-1 常见闭塞制式功能比较

制式 项目	固定闭塞	准移动闭塞	移动闭塞
系统组成	简单	较复杂	简单
功能	简单	较强大	强大
列车定位技术	轨道电路/计轴	轨道电路/计轴	列车自身定位
列车定位精度	一个轨道分区，几百米	几十米	几米
地-车信息传输	模拟轨道电路，单向传输	数字轨道电路，单向传输	环线/无线/波导管等，双向传输
地-车传输信息量	小	较大	大
正线间隔	最小 2.5 min	90 s	最小 70 s
易实施性	难	难	容易
技术先进性	落后	较先进	先进
成熟度	成熟	成熟	较成熟

续表

制式 项目	固定闭塞	准移动闭塞	移动闭塞
初期投入成本	小	较大	较大
全生命周期成本	小	大	较大
可持续发展程度	有优势（非大运量交通）	优势不明显	优势不明显
维护量	大	大	小
管理要求（人员和水平）	低	较高	高
RAMS	低	较高	高
智能化程度	低	较高	高
互联互通的支撑性	弱	较强	强

常见闭塞系统功能比较如表3-2所示。

表3-2 常见闭塞系统功能比较

传输方式 项目	点式应答器系统	轨道电路		CBTC系统		
		模拟轨道电路	数字轨道电路	交叉环线	波导管	无线自由波
系统组成	简单	复杂	复杂	较复杂	较复杂	简单
功能	简单	简单	较强大	强大	强大	强大
轨旁设备量	少	多	多	多	多	少
调试维护量	小	大	大	较大	较大	小
工程实施	容易	难	难	难	难	容易
传输的信息量	较大	小	较大	大	大	大
传输方向	单向	单向	单向	双向	双向	双向
传输速率	稍大	小	稍大	较大	大	大
可以支持的闭塞制式	固定	固定	准移动	固定、准移动、移动闭塞		
抗干扰性	强	弱	弱	强	强	较强
防盗性	弱	弱	弱	弱	较强	强
初期投资成本	小	小	较大	大，但在逐渐下降，目前已与数字轨道电路的差不多		
全生命周期成本	小	较大	大	大	大	小
标准化、开放性	强	弱	弱	弱	较强	强
技术先进性	成熟、不先进	成熟、不先进	成熟、较先进	较先进	先进	先进

三种自动闭塞速度控制曲线比较如图 3-13 所示。

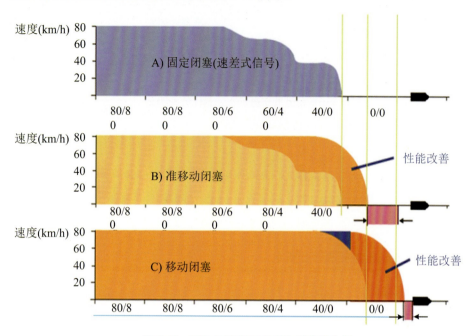

图 3-13　三种自动闭塞速度控制曲线比较

项目四　联锁系统

为了确保行车安全,在轨道的有岔站、车辆段和地铁沿线各个车站必须设置联锁设备。联锁系统是负责行车进路建立铁路行车核心控制设备,在信号操作员或者ATS系统操作下实现站内道岔、信号机、轨道电路之间联锁控制,是安全高效行车不可缺少的保障装备。计算机联锁是轨道信号系统的安全核心,对提高地铁运营效率、自动化程度、管理水平以及降低行车指挥调度人员的工作强度具有最直接的影响。

任务一 联 锁

一、联锁的概念

城市轨道交通的联锁集中站为有岔站,根据道岔的不同位置可以组成不同的进路,列车是否能够进入进路,需要信号指示列车。如果信号机显示的信号是指示列车进入某一进路,而道岔的开通位置却是开通另一进路,这样就存在发生行车事故的危险。为了保证行车安全,必须使信号机、进路和道岔三者之间存在一定的相互制约关系,这种关系称为联锁。进路是指列车运行的路径;道岔是决定列车运行路径的关键设备;信号机是信号的执行机构,用于防护列车运行的进路。

二、联锁设备

控制车站的道岔、进路和信号,并实现它们之间的联锁关系的设备,称为联锁设备。联锁设备可以采用机械的、机电的或电气的方法来实现,可以分散控制或集中控制。

联锁设备有继电集中联锁和计算机联锁两大类。

用电气的方法集中控制和监督全站的道岔、进路和信号机,并实现它们之间联锁的设备称为电气集中联锁设备,简称电气集中联锁。若是用继电器组成的电路进行控制并实现联锁的设备,称为继电式电气集中联锁设备,简称继电集中联锁。继电集中联锁采用色灯信号机,道岔由转辙机转换,进路上所有区段均设有轨道电路,在信号中心进行集中控制和监督。

电气集中联锁把全部道岔、进路和信号集中起来进行控制和监督,在一定程度上实现了站内行车指挥的自动控制,能准确、及时地反映现场行车情况,不再需要分散控制时所需的联系时间,而且完全避免了因联系错误而引起的事故,因而大大提高了行车安全程度和作业效率,并且极大地改善了行车人员的劳动条件。电气集中联锁具有操作简便、办理迅速、表示完善、安全可靠等一系列优点。

计算机联锁大大提高了继电集中联锁的功能,并方便设计、施工、维修和使用。计算机联锁正在迅速发展,是车站联锁设备未来的发展方向。

三、联锁设备的基本要求

(1) 确保进路上进路、道岔、信号机的联锁,联锁条件不符时,禁止进路开通。敌对进路必须相互照查,不得同时开通。

(2) 装设引导信号的信号机因故不能开放时,应能通过引导信号实现列车的引导作业。

(3) 应能办理列车和调车进路,根据需要设置相应的防护进路。

(4) 联锁设备宜采用进路操纵方式。根据需要,联锁设备可实现车站有关进路、端站折返进路的自动排列。

(5) 进路解锁宜采用分段解锁方式。锁闭的进路应能随列车正常运行自动解锁、人工办理取消进路和限时解锁并应防止错误解锁。限时解锁时间应确保行车安全。

(6) 联锁道岔应能单独操纵和进路选动。影响行车效率的联动道岔宜采用同时启动方式。

(7) 车站站台及车站控制室应设站台紧急关闭按钮。站台紧急关闭按钮电路应符合"故障-安全"原则。

(8) 联锁设备的操纵宜选用控制台。控制台上应设有意义明确的各种标志,用以监督线路及道岔区段占用、进路锁闭及开通、信号开放和挤岔、遥控和站控等。

(9) 车站联锁主要控制项目包括列车进路、引导进路、进路的解锁和取消、信号机关闭和开放、道岔操纵及锁闭、区间临时限速、扣车和取消、遥控和站控、站台紧急关闭和取消。

四、联锁设备的功能

(1) 联锁逻辑运算:接收 ATS 或车站值班员的进路命令,进行联锁逻辑运算,实现对道岔和信号机的控制。

(2) 轨道电路信息处理:处理列车检测功能的输出信息,以提高列车检测信息的完整性。

(3) 进路控制:设定、锁闭和解锁进路。

(4) 道岔控制:解锁、转换和锁闭道岔。

(5) 信号机控制:确定信号机的显示。

五、信号机开放条件及道岔动作条件

1. 信号机开放条件

(1) 进路相关的道岔应处于进路所要求的位置。

(2) 所排进路处于空闲状态。

(3) 敌对进路没有建立。

(4) 不允许信号自动重复开放。

(5) 列车进入信号机内方后,信号自动关闭。

2. 道岔动作条件

(1) 道岔区段无车占用。
(2) 道岔所在的进路处于解锁状态。
(3) 办理了进路操纵或单独操纵。
(4) 道岔一经启动,必须转到底,并锁在所处位置。
(5) 道岔转不到底,可以反转回原来位置。
(6) 道岔转换结束,自动切断电机电路。
(7) 道岔被挤,应有挤岔表示。

任务二 进 路

一、进路划分(大铁、地铁)

(一) 进路种类

通常我们把列车或调车车列在站内运行时所经由的路径称为进路。如按作业性质,进路大体上可分为列车进路和调车进路两类。列车进路又可划分为接车进路、发车进路、通过进路和转场进路。凡是列车进站所经由的路径叫列车接车进路;列车由车站发往区间所经由的路径叫发车进路;列车由车站通过所经过的正线接车进路和正线同方向发车进路组成的进路叫通过进路。如果按方向来区分,调车进路又可分为调车接车方向的进路和调车发车方向的进路。

进路的性质取决于作业的性质。从行车安全的角度来看,因为客车上有旅客且行车速度高,故列车进路比调车进路更为重要,在技术要求上更为严格。以接车进路为例,列车由区间以最大允许速度驶向车站时,为了保证行车安全,迫切需要了解以下问题:列车是否接近车站;是否允许接车;列车经由直股还是弯股进站。这些有关信息通知司机的时机越早越好,因为它不仅涉及行车安全,而且直接影响运输效率。

列车进路由进路防护信号机防护,但列车在进路中的运行安全则由 ATP 系统负责,这为城市轨道交通高密度行车提供了安全保障。城市轨道交通进路可分为多列车进路、追踪进路、折返进路、连续通过进路、保护区段和侧面防护进路 6 种。

1. 多列车进路

进路分为单列车进路和多列车进路,这主要是因为城市轨道交通运行间隔小,车流密度大,列车的运行安全由 ATP 系统保护,所以在一条进路中可能出现多列列车在运行。

多列车进路排出后,如果是进路中有列车运行,则人工取消进路时,只能取消最后一次排列的进路至前行列车所在位置的进路,其余进路待前行列车通过以后解锁。人工取消多列车进路的前提是:进路的第一个轨道电路必须空闲。

SICAS 联锁中一般不设通过信号机,只设置防护信号机,有些进路包含了若干个轨道区段(多至十几个轨道区段以上)。如图 4-1 所示,S1→S2 为多列车进路,只要监控区空闲即可排出以 S1 为始端的进路并开放 S1。

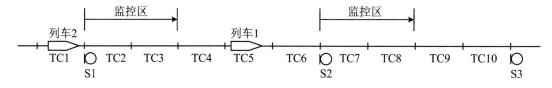

图 4-1　多列车进路示意图

对于多列车进路,当列车 1 出清监控区后,即可排列第二条相同始端的进路。进路排出后,只有当列车 2 通过后才能解锁。

在无岔进路中,通常始端信号机后两个区段为监控区段,如图 4-1 所示,其他为非监控区段。

在有岔进路中,从进路的第一个轨道区段开始,一直到最后一个道岔区段的后一区段为止都是监控区段,其他为非监控区段。

2. 追踪进路

追踪进路是联锁系统本身的一种自动排列进路功能。这种进路的防护信号机具有自动属性。当列车接近信号机及占用触发区段时(触发区段是指列车占用区段时引起进路排列的区段,触发进路可能是信号机前方第一个接近区段,也可能是第二个接近区段,触发区段根据信号机布置和通过能力而定),列车运行所要通过的进路自动排出。追踪进路排出的前提除了须满足进路排出的条件外,进路防护信号机还必须具备进路追踪功能。

当信号机被预定具有进路追踪功能时,对其规定的进路命令便通过接近表示自动产生。调用命令将被储存,一直到信号机开放为止。接近表示将由触发轨道区段的占用而触发。

当信号机接通自动追踪进路时,也可以实施人工操作。若接收到接近表示之前已人工排列了一条进路,则自动调用的进路被拒绝,重复排列进路也不能被储存。

假如排列的进路被人工解锁,则该信号机的自动追踪进路功能会被切断。

防护自动进路的信号机必须具有自动属性,具备进路追踪功能。当调度员或值班员将该架信号机设置为自动信号,在 ATS 显示界面中该架信号机前方会出现黄色箭头,表示此信号机由普通信号变为自动信号。自动信号平时点亮禁止灯光(红灯),当列车占用该信号机的触发区段,联锁系统会自动排列进路,将自动信号机点亮为允许灯光。当列车驶入信号机内方,信号机点亮禁止灯光(红灯)。图 4-2 中,X5C 是一架自动信号机。当列车进入这架信号机的触发区段(TC30C)时,联锁系统根据列车的目的地号自动排列进路。在图 4-2 中,绿色光带表示进路在锁闭状态。由图 4.2 可知,车次号为"30701"的列车,占用 X5C 信号机的触发区段,触发联锁系统,自动排列出始端是 X5C、终端为 X3C 的一条进路。

防护站台区域的信号机都能够显示引导信号,对于可显示引导信号的信号机,在 ATS 显示界面中的信号机图标的上方或下方会标有横线。当该架信号机所防护的进路中道岔或轨道电路出现故障,无法给出正确状态表示时,可由值班员人工检查并确定设备状态,进而开放引导信号,将列车接入车站。引导信号为红灯加白灯。要求司机在看到引导信号时必须慢速前进,时刻注意前方进路情况。图 4-2 中的 X3C 是一架具有引导功能的引导信号机。值得注意的是,为了保证行车安全,只有联锁集中站的值班员能够开放本站的引导信号。

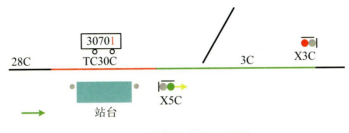

图 4-2　追踪进路(自动进路)

3. 折返进路

列车折返进路作为一般进路被纳入进路表。通常,折返进路可以由联锁系统根据折返模式自动排列进路,也可以由人工手动排列进路。折返进路包含两条基本进路。

如图 4-3 所示,列车进入终端站,旅客全部下车后,列车需要由现在运行方向的正线进入另一个运行方向的正线继续运行。在图 4-3 中,列车转线作业的两条进路是:首先列车经过始端为 X7K、终端为 X1K 的进路,进入折返线,再由 X1K 到 X5K 的进路进入正线继续运行。

4. 连续通过进路

连续通过进路也是由联锁系统自动排列进路。当信号机被设置为连续通过信号时,该信号机防护的进路将被自动排列出来。当信号机被设置为连续通过信号时,在 ATS 显示界面上,该架信号机图标的前方会出现绿色箭头,如图 4-4 中 X7F 所显示的内容。连续通过信号机平时点亮允许灯光(绿灯),其所防护的进路处于锁闭状态。当列车进入信号机内方时,信号自动关闭,显示禁止灯光(红灯)。一旦列车离开该进路,则该进路自动锁闭并使连续通过信号机再次开放允许灯光,指引后续列车进入进路。如图 4-4 所示,X7F 是一架连续通过信号机,其所防护的进路范围是绿色光带显示的区段。

5. 保护区段

为了保证列车的安全运行,避免列车因某种原因不能在信号机前方停住而导致事故,应充分考虑列车的制动距离及线路等因素,在停车点前设置保护区段,即终端信号机后方的一至两个区段为保护区段。类似于铁路的延续进路,如图 4-5 所示。列车进站应停在停车点上,但由于线路原因(如有大下坡道)或列车没有及时制动,使列车冲出站台区域,为了防止列车冲出停车点而发生事故,在列车进站的同时,在站台区域列车运行方向的前方设置了保护区段。在图 4-5 中用淡蓝色光带表示。当列车进站停稳并停准后,保护区段自动解锁。

保护区段也叫重叠区段,如图 4-6 所示,设置保护区段的目的是为了避免列车由于某种原因不能在信号机前方停车而冲出信号机导致危及列车安全的事故。

进路可以带保护区段或不带保护区段排出。若进路短,排列进路时带保护区段;为了不妨碍其他列车运行,对于长进路,可以通过目的轨的占用来触发保护区段延时设置;多列车进路无保护区段时,进路防护信号机可以正常开放。

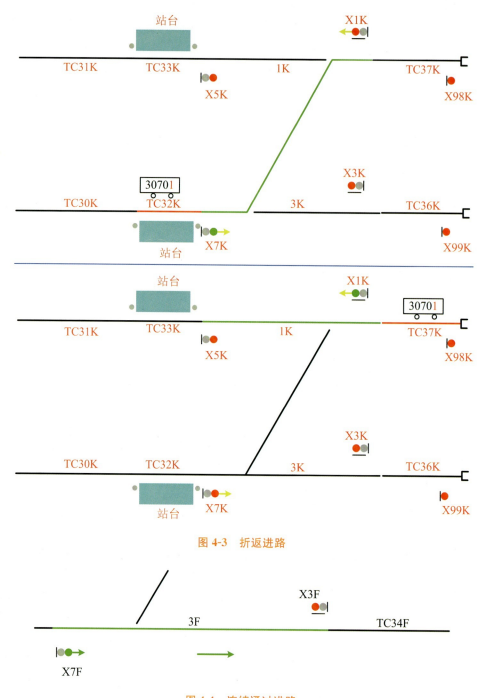

图 4-3 折返进路

图 4-4 连续通过进路

保护区段可以在主体信号控制层内受到监督,也可以不在主体信号控制层内受到监督。此外,也有可能在进路排列时直接征用保护区段,或进路先排列,保护区设置延时直至进路内的接近区段被占用,延时的保护区段设置是一种标准方式,为多列车进路内的每组列车提供保护区段条件。

当排列的运行进路无法成功地进行保护区段设置或延时保护区段设置没有成功时,可

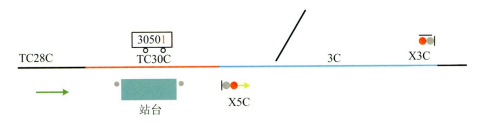

图 4-5　保护区段示意图

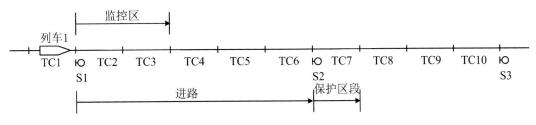

图 4-6　进路保护区段示意图

稍后设置。只要到达线和指定保护区段的轨道区段空闲,并且设置保护区段的条件得以满足,可重新设置。

在设定的时间(预设值为 30 s)截止以后,保护区段便解锁。延时解锁从保护区段接近区域被占用时开始。在列车反向运行情况下,保护区段的延时解锁仍将继续。

6. 侧面防护进路

城市轨道交通的道岔控制全部为单动,不设双动道岔,所有的渡线道岔也只设单动道岔来防护列车的侧面冲突。侧面防护是指避免列车由侧面进入,这类似铁路中对双动道岔和带动道岔的处理。

侧面防护可分为两种:主进路的侧面防护和保护区段的侧面防护。

列车进路需要进行侧面防护是为了保证其安全的运行径路,侧面防护靠侧面道岔防护,或通过显示红色信号来确保。

道岔为一级侧面防护,信号机为二级侧面防护。排列进路时先一级侧面防护后二级侧面防护。侧面防护必须进行超限绝缘的检查。

侧面防护的任务是通过操作锁定和检测邻近分歧道岔,使通向已排进路的所有路径均不能建立。侧面防护同样可通过具有停车显示和位于有侧面防护要求的运行进路方向的主体信号机来获得。在进路表中已经为每条运行进路设计了侧面防护区域。

如果采用一个道岔的侧面防护,而道岔的实际位置和要求的不同,应发出转换道岔位置的命令。当命令不可执行(如道岔因封锁而禁止操作)时,该操作命令将被存储直至要求的终端位置达到为止,否则通过取消或解锁该运行进路来取消该操作命令。

排列进路时,除要检查始端信号机外,还要检查终端信号机和侧面防护信号机的红灯灯丝,只有这两种信号机的红灯功能完好,信号机才可开放。

当要求侧面防护的运行进路解锁时,运行进路侧面防护区域也将解锁。

各种不同性质的进路,应有不同用途的信号机进行防护。如接车进路应有进站信号机防护,发车进路应有出站信号机防护,调车进路应有调车信号机进行防护等。根据进路的性质不同,这些信号机的显示和数目不同,并且开放信号机所应满足的技术条件也不相同。

SICAS 联锁中没有联动道岔的概念，所有道岔都按单动道岔处理。排列进路时通过侧面防护把相关的道岔和信号机锁闭在联锁要求的位置，以避免其他列车从侧面进入进路，从而确保安全。侧面防护包括主进路的侧面防护和保护区段的侧面防护，如图 4-7 所示。

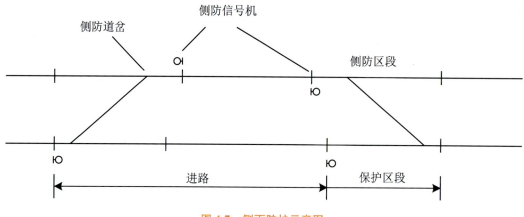

图 4-7　侧面防护示意图

（二）进路划分

所谓进路的划分，即确定各种进路的始端和终端。进路的范围划分明确，信号机所防护的范围也就明确了。进路的始端处应设置信号机加以防护，而其终端处也多以同方向的信号机为界；在进路的终端处无信号机时，则以车挡、站界标或警冲标（不设出站信号机的车站）为界。具体的进路划分方法如图 4-8 举例所示。

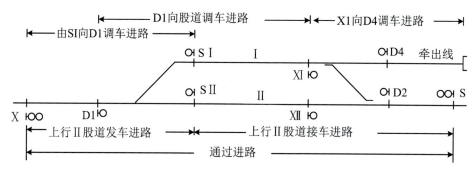

图 4-8　进路的划分举例之一

（1）上行Ⅱ股道接车进路的始端是上行进站信号机 S，其终端是上行Ⅱ股道上的出站信号机 SⅡ，接车进路的范围是从 S 至 SⅡ，其中包括Ⅱ股道。

（2）上行Ⅱ股道发车进路的始端是 SⅡ，终端是 X，上行Ⅱ股道发车进路的范围是由 SⅡ 至 X（不包括股道）。

（3）上行通过进路的始端是 S，终端是 X，通过进路的范围是从 S 至 X（包括股道）。

（4）由 D1 向Ⅰ股道的调车进路的始端是 D1，终端为下行Ⅰ股道的出站兼调车信号机 X1，调车进路的范围为 D1 至 X1，其中包括了Ⅰ股道。

（5）由 X1 至 D4 信号机的调车进路的始端是 X1（出站兼调车），终端是车挡，该调车进路的范围是从 X1 信号机至车挡，其中包括牵出线。

（6）由 S1 向 D1 的上行调车发车方向进路的始端是出站兼调车信号机 S1，终端为下行进站信号机 X，其中包括无岔区段。

明确了进路范围如何划分，对进一步了解车站联锁电路设计极为重要，下面给出进路划分的原则及各种进路的范围应如何确定等问题，现以图 4-9 中给出的站场为例说明。

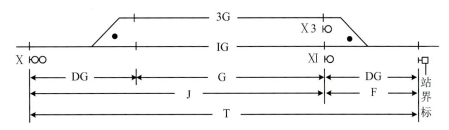

图 4-9　进路划分举例之二

接车进路 J 由进站信号机 X 开始，至出站信号机 XI。发车进路 F 由出站信号机 XI 开始，至站界标为止。

不难看出，接车进路除包括咽喉区的道岔区段外，还包括接车股道，而发车进路却不包括股道，但发车进路范围内的无岔区段应包括在内。

列车进路的划分原则是：

（1）进路的始端一般是信号机。

（2）进路范围包括道岔和道岔区段。

（3）一架信号机可同时防护几条进路，即它可作为几条进路的始端（如进站信号机等）。

（4）发车进路的终端可以是信号机、站界标以及警冲标。

（5）调车进路和列车进路一样，也要有一定的范围（与列车进路相比较短些），才能对它进行防护。调车进路的始端是防护该调车进路的调车信号机或出站兼调车信号机，终端则视具体情况而定（调车进路必须在车站或车辆段范围内）。

① 由到发线向咽喉区调车的进路终端，如图 4-10 所示，由ⅢG 向 D9 调车信号机方向调车时，进路的终端是同方向信号机 D9，如机车车辆欲继续向前运行，则必须开放 D9 信号机，进入另一条进路，注意在该调车进路中途，虽有一架调车信号机 D19，但由于它是背向设置，故它不能做阻拦信号机，因此上述调车进路的终端必须是 D9 信号机，因为它对调车机车或车列的运行起阻拦作用。

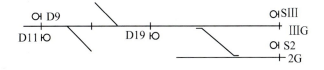

图 4-10　进路的划分举例之三

② 由咽喉区的调车信号机 D19 向股道ⅢG 调车时，该进路的终端为下行出站兼调车信号机 XⅢ，但应注意的是该调车进路的范围虽包括股道，但根据调车作业的特点，当股道上停留车辆时允许向该股道办理调车作业，即可以不检查股道的空闲情况，如图 4-11 所示。

③ 调车进路包括无岔区段的进路终端，如图 4-12 所示，由出站兼调车信号机 S2 向 D5 信号机调车时，因 D5 是阻拦信号机，故它应为进路的终端。该调车进路也应考虑无岔区段

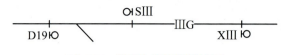

图 4-11　进路的划分举例之四

内允许暂时停有车辆。

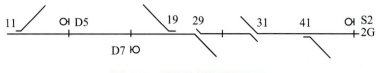

图 4-12　进路的划分举例之五

④ 由咽喉区调车信号机向尽头线调车的进路终端如图 4-13 所示,由 D5 向牵出线调车时,进路的终端为车挡。这样的调车进路也应考虑牵出线允许停有车辆。

图 4-13　进路的划分举例之六

由于调车作业的需要,往往需要开放同方向的几架调车信号机,才能到达调车作业的目的地,这样需要连续开放几架同方向调车信号机的调车进路称为长调车进路,它由两条或多条调车基本进路所构成,并非指调车进路的实际长度,因此也可称为复合调车进路。但鉴于长调车进路已被信号人员所熟知并认可,故仍沿用长调车进路这一术语。现举例说明,如图 4-14 所示。由编组场向牵出线调车时,需要同时开放 D5 和 D21 两架调车信号机,在这条长调车进路中 D5 信号机既是后一条调车进路的始端,又是前一条调车进路的终端。

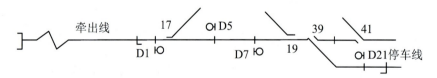

图 4-14　进路的划分举例之七

(三) 联锁关系

进路是由道岔的位置所决定的,在进路的入口处设有信号机进行防护。所谓建立进路,就是把进路上的道岔扳到进路所要求的位置上,然后再将该进路的防护信号机开放。若道岔位置不正确,则不准信号机开放。但一旦信号机开放后就不准许进路上的道岔再变换位置,直至信号机关闭或列车、车列越过道岔为止。

一条进路可以运行下行列车,也可以运行上行列车,它们分别由上、下行两架信号机防护。在开放上行信号机以前,下行信号机必须处于关闭状态。一旦上行信号机开放,就要防止下行信号机再开放,直至上行列车驶入进路,且上行信号机关闭以后,列车本身将这条进路控制住,才能解除对下行信号机的控制。

为了保证列车在车站范围内的运行安全,在进路、道岔和信号机之间存在某些互相制约的关系。通常,我们把这种互相制约的关系称为"联锁"。

所谓联锁,必然存在于两个对象之间。例如上面所说的道岔和信号机之间有联锁、上行信号机与下行信号机之间有联锁等。联锁既然存在于两个对象之间,且又是相互制约的,所以在一般情况下是互锁的。如道岔不在规定位置,必须把信号机锁在禁止状态,而一旦信号机开放,信号机又把道岔锁在规定位置上,这样做的理由很简单,若信号机不锁道岔,在信号机开放后,道岔仍可变换位置,则道岔锁信号机就没有意义了。因为在信号机开放以前,道岔位置虽然正确,但信号开放以后,道岔仍可动作到错误的位置上去。

也有不是互锁的情况,如进站信号机红灯灯丝不完好,不准许它开放。但进站信号机开放以后,却不能把红灯锁在点亮的位置上,而是要求红灯灭灯,才能改点亮绿灯或黄灯。这里的进站信号机的红灯与进站信号机开放的关系,即是单面锁而不是互锁关系。不过单面锁的联锁关系存在的较少。我们所说的基本联锁内容都是互锁的。

下面简述"道岔、进路和信号机"之间的基本联锁的内容。

1. 道岔、进路间的联锁

道岔有定位和反位两个工作位置,进路有锁闭和解锁两种状态。道岔位置正确,进路才能锁闭;进路解锁后,道岔才能改变其工作位置。这就是存在于道岔和进路之间的基本联锁关系,如图4-15所示。

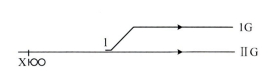

进路号	进路名称	道岔
1	1道下行接车进路	(1)
2	Ⅱ道下行接车进路	1

图 4-15 道岔与进路之间的联锁

图4-15中,进路1是1G道下行接车进路,进路2为ⅡG道下行接车进路。进路1要求道岔1在反位;进路2要求道岔1在定位。带括号的道岔代表道岔在反位,不带括号的则表示道岔在定位。进路1与道岔1之间有反位联锁关系,即道岔1不在反位,进路1就不能锁闭,反过来进路1锁闭后,把道岔1锁在反位位置上,不准许道岔1再变位;进路2与道岔1存在着定位锁闭关系,即道岔1不在定位,进路2就不能锁闭,反之当进路2锁闭以后,把道岔1锁在定位位置上,不准许道岔1再变位。

有时,进路范围以外的道岔也与该进路有联锁关系,我们把这样的道岔叫防护道岔,如图4-16所示。

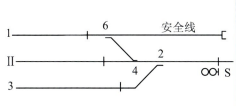

进路号	进路名称	道岔
1	1道上行接车进路	2,(4/6)
2	Ⅱ道上行接车进路	2,4/6
3	3道上行接车进路	2,[(4/6)]

图 4-16 防护道岔

在下行1道接车进路的延续进路中有一安全线。它是为接1道下行接车进路1而设的。因 X 进站信号机前方制动距离内有较大坡度的下坡道（坡度在 6‰ 以上），列车进站后可能停不住车，为防止与上行Ⅱ股道接车进路上的列车发生侧撞事故而设置该安全线。因此，道岔 4/6 虽不在 1 道下行接车进路上，但如果允许道岔 4/6 在反位的情况下建立上行 3 道的接车进路，当列车进站，行驶在 2 号道岔期间，有可能与下行 1 道的列车相撞，这是很危险的。因此，道岔 4/6 虽属上行 3 道接车进路以外的道岔，也要求道岔 4/6 与上行 3 道的接车进路发生联锁关系，即道岔 4/6 不在定位，禁止进路 3 锁闭（即禁止防护进路 3 的信号机开放），一旦进路 3 锁闭后，禁止道岔 4/6 变位，即把道岔 4/6 锁在定位位置上。很显然，把道岔 4/6 锁在定位后，就使进路 1 与进路 3 隔离开来了，消除了上述的危险性。

防护道岔与进路的联锁关系用中括号表示，如图 4-16 所示。[4/6] 表示道岔与进路 3 为定位锁闭关系，若是反位锁闭，则用 [(4/6)] 表示。

2. 道岔与信号机之间的联锁

因为进路是由信号机防护的，故道岔与进路之间的联锁，也可以用道岔与信号机之间的联锁来描述。

如图 4-17 所示，信号机 X 防护着两条进路：一条是 1 道下行接车进路，要求 1 号道岔在反位；另一条是Ⅱ道下行接车进路，要求 1 号道岔在定位。因此信号机 X 与道岔 1 之间的联锁关系，既有定位锁闭关系，又有反位锁闭关系，定、反位锁闭应记作"1,(1)"。

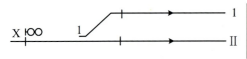

信号机	信号机名称	道岔
X	下行进站信号机	1,(1)

图 4-17 道岔与信号机的联锁关系

定、反位锁闭就意味着道岔 1 在定位时，允许信号机 X 开放，在反位时也允许信号机 X 开放，但不能不采取锁闭措施。因为道岔除定位和反位以外，还有一种非工作状态，即不在定位又不在反位的状态，如道岔不密贴或被挤等。就是说，道岔在不正常状态，是不允许信号机开放的。

锁闭信号机有两种不同的办法：一种是锁操纵信号机的握柄（机械操纵元件），把信号握柄锁住，使之不能扳动。另一种是锁控制信号机灯光用的继电器，禁止控制信号机灯光用的信号继电器励磁。在电气集中联锁方式中，都采用后一种办法。

3. 进路与进路间的联锁

进路与进路之间存在着两种不同性质的联锁关系：一是抵触进路；二是敌对进路。

（1）抵触进路

抵触进路如图 4-18 所示。下行接车进路有三条，即进路 1、进路 2 和进路 3。这三条进路因为要求道岔位置各不相同，且在同一时间只能建立起一条进路。任何一条进路锁闭以后，在其未解锁以前，因为把有关的道岔锁住了，不可能再建立其他两条进路了。我们把这样互相抵触的进路叫抵触进路。

既然抵触进路不能同时建立，那么在抵触进路之间则无需进行相互锁闭措施。不需要采用锁闭措施的联锁内容，没有必要列在联锁表内。

但是，也有一种例外的情况，若信号机与道岔均由扳道员在两个咽喉区分别操纵，车站值班员仅仅用电话指挥，那么肩负行车安全责任的车站值班员无法对扳道员进行有效的控

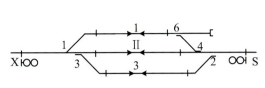

进路号	进路名称	敌对进路	抵触进路
1	1道下行接车进路	6	2, 3
2	Ⅱ道下行接车进路	4, 5, 6	1, 3
3	3道下行接车进路	4, 5, 6	1, 2
4	3道上行接车进路	2, 3	5, 6
5	Ⅱ道上行接车进路	2, 3	4, 6
6	1道上行接车进路	1, 2, 3	4, 5

图 4-18　进路与进路之间的联锁关系

制和监督。因此，在上述情况下值班员室须安装一种用来发送建立进路命令的设备。当值班员操纵一个操纵元件，发出一个电信号时，扳道员只能按照车站值班员的意图（即按着接收到的电信号）建立进路，从而受到了控制和监督。但是该设备必须具备一种功能，即不允许值班员同时发出两个有抵触的进路命令。因为车站值班员若能同时发出两个有抵触进路的命令，例如建立进路 1 和进路 3，则最后决定权仍取决于扳道员，这就失去了设置此设备的目的。因此，在该设备上要求在抵触进路之间采取一定的锁闭措施，实施抵触进路之间的联锁，这时在联锁表中必须把抵触进路也列出来。

（2）敌对进路

用道岔位置不能间接控制的两条进路，这两条进路又存在着抵触或敌对关系，我们称为敌对进路，如图 4-18 所示，进路 5 和进路 2 是敌对进路，进路 5 和进路 3 也是敌对进路。进路 5 是Ⅱ道上行接车进路，进路 2 是Ⅱ道下行接车进路。它们是同一股道不同方向的接车进路，不能用道岔位置间接控制，允许同时接车有危险，所以这两条进路为敌对进路是很明显的。

进路 5 和进路 3 虽不属于同一股道的接车进路。但从 1 股道的上行端设有安全线这一点上来看，可知下行列车进站后，因为下坡道的坡度大，有可能在到达股道后停不住车，因此，当考虑进路 5 与进路 3 是否是敌对进路时应考虑上述不安全因素。很明显，若下行进 3 股道的列车停不住车，势必与进入Ⅱ道的上行列车相撞。因此，进路 5 和进路 3 是敌对进路。

4. 进路与信号机之间的联锁

进路与进路之间的联锁关系，可用进路与信号机之间的联锁关系来描述。因为进路较多时，这样描述较明显，不需要从进路号码中查找进路名称了。如图 4-19 所示，进路 1 是从 D21 信号机至无岔区段 WG 的调车进路，D23 信号机所防护的进路与上述进路为敌对进路，所以把 D23 作为进路 1 的敌对信号，在联锁表进路 1 的敌对信号栏内记作 D23。

D33 信号机防护着两条进路：一条经由道岔 19 反位，另一条经由道岔 19 定位至无岔区段 W，由于无岔区段一般较短，故禁止同时由两个方向向该无岔区段内调车。即 D21 至 WG 的调车进路，与 D33 至 WG 的调车进路是敌对进路。但这两条敌对进路，只有道岔 19 在定位时才能构成，反之则构不成。这种有条件的敌对进路，在进路 1 的敌对信号栏中记作 "<19>D33"，同理，进路 2 与调车信号机 D21 也存在着条件敌对关系，故在进路 2 的敌对信号栏内，记有 "<11/13>D21"。凡是两对象间存在着一个或几个条件才构成锁闭关系，就是条件锁闭，而这里的条件一般指道岔位置。

既然进路与进路之间联锁，可以用进路与信号机间的联锁关系来描述。当然也可以用

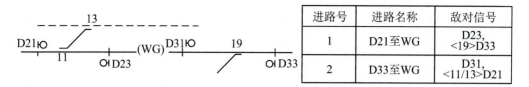

进路号	进路名称	敌对信号
1	D21至WG	D23, <19>D33
2	D33至WG	D31, <11/13>D21

图 4-19　进路与信号机之间的联锁关系

信号机与信号机间的联锁关系来描述。若以图 4-20 中的四架调车信号机为例，则这四架信号机之间的联锁关系可这样描述：D21 与 D23 之间的关系是条件联锁，条件是道岔 11/13 定位和道岔 19 定位。

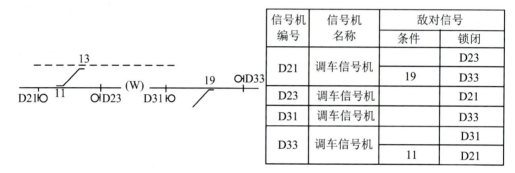

信号机编号	信号机名称	敌对信号	
		条件	锁闭
D21	调车信号机		D23
		19	D33
D23	调车信号机		D21
D31	调车信号机		D33
D33	调车信号机		D31
		11	D21

图 4-20　信号机与信号机之间的联锁关系

（四）进路锁闭与解锁

为了保证行车安全，信号机开放时，首先必须把进路上的有关道岔锁闭在规定位置，且把敌对信号机锁闭在未建立状态，这种锁闭叫进路锁闭。什么时候才允许解除进路锁闭？现分别加以说明。

1. 预先锁闭和解锁

当进路锁闭且信号机开放后，如果列车尚未接近进路，或者说尚未驶入规定的接近区段，这时进路锁闭称为预先锁闭。如果采取措施关闭信号机，锁闭的进路可立即解锁。因为列车远离进路，即使道岔和敌对进路解锁，也不致影响行车安全。通常，我们把接近区段无车、信号开放情况下的进路锁闭称为预先锁闭。解除这种锁闭方式是取消进路，即不限时解锁。

2. 接近锁闭和解锁

进路锁闭且信号开放后，如果列车已驶入接近区段，这时即使关闭信号，锁闭着的进路不允许立即解锁。因为这时列车已靠近进路，司机即使看到禁止信号，也可能由于制动失当或制动失灵而闯入进路内的道岔区段。如果允许道岔立即解锁，使道岔中途转换，将带来十分危险的结果。

列车接近时的进路锁闭，叫做接近锁闭，或称为完全锁闭，为保证行车安全，接近锁闭可采用两种解锁方式。

（1）正常解锁

列车通过进路后，进路上的道岔应按正常手续解锁。

正常解锁又可分为两种方式，一种方式是当列车通过了全部道岔区段以后，才能解除锁闭。如图 4-21 所示，向Ⅱ股道接车时，只有当列车通过了道岔区段 3-5DG 和 9-11DG 以后进路才能解锁。这种方法叫"一次解锁"制。一次解锁制在技术上容易实现，但道岔不能及时解锁，故影响作业效率。为了提高车站咽喉的通过能力，正常解锁发展成了"逐段解锁"制，即当列车通过了 3-5DG 区段轨道电路且满足解锁条件后，该区段就立即解锁，区段内的道岔 3 和道岔 5 立即解锁，为及时建立 A－B 方向的进路创造了条件，当列车通过了 9-11DG 区段轨道电路后，则道岔 9/11 也随之解锁。这样就可以充分发挥咽喉的通过能力，当然，实现逐段解锁在技术上较为复杂。逐段解锁用到三点检查的方法，三点检查描述了列车驶入待解锁区段直至列车出清待解锁区段这一运行过程。即待解锁区段若想解锁，必须检查待解锁区段的后方区段和前方区段，以及待解锁区段这三点的区段状态。当待解锁区段的后方区段被列车先占用再出清，当待解锁区段也被列车先占用再出清，当待解锁区段前方区段占用时，待解锁区段方可解锁。

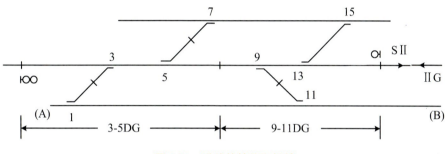

图 4-21 进路的锁闭和解锁

采用哪一种正常解锁方式，应视车站作业繁忙程度而定，通常在小站上多采用"一次解锁"制，而在大站上多采用"逐段解锁"制。

(2) 限时解锁/人工解锁

接近锁闭的另一种解锁方式是限时解锁。它是指当列车驶入接近区段后，为了临时改变进路，使进路解锁的一种方式。由于进路不能实施正常解锁，故必须采取特殊解锁措施。一般是车站值班人员按压控制台下方带铝封的人工解锁按钮后，信号机随之关闭，从信号机关闭时起，用技术方法保证延时一段时间后，接近锁闭状态下的进路才自动解锁。一般规定接车进路和正线上的出站信号机所防护的发车进路，需延时 3 min 后解锁。侧线（站线）发车进路和调车进路，需延时 30 s 后，进路才能自动解锁。在城市轨道交通中，由于列车行驶速度较慢，因此延时一般采用 30 s 或 1 min。延时上述时间才使进路解锁，其目的是让司机在看到停车信号时，来得及在进路解锁以前，能把列车停下来，或停在预定的接车股道或停在进路上，由于道岔有区段锁闭和进路锁闭，进路都不会错误解锁，这是安全的。另外，为了防止列车尾部瞬间失去分路，使道岔提前解锁，一般采取列车出清道岔区段后，延时 30 s 才解锁的技术措施。

信号机的接近区段可以是一段或几段轨道电路。在自动闭塞区段，进站信号机的接近区段是第二接近区段。出站和进路信号机的接近区段是相应的到发线（股道）。正线上的出站信号机及进路信号机的接近区段，在办理通过进路时，除正线股道外，还包括该信号机至前一架同方向的进路信号机和进站信号机之间全部道岔区段。调车进路的接近区段是信号机前方的股道或道岔区段。如调车信号机前面未设轨道电路,当信号机开放后,进路就转入完全锁闭状态。

任务三　进路排列

一、铁路进路排列

站场结构如图 4-22 所示,软件启动后,出现上位机操作平台,此时,全场轨道区段为白光带,处于全场锁闭状态。要办理接发车作业,首先要解除全场锁闭。操作方法为:点击"上电解锁"按钮,输入密码"123",延时 3 s 后一次解除全场锁闭。

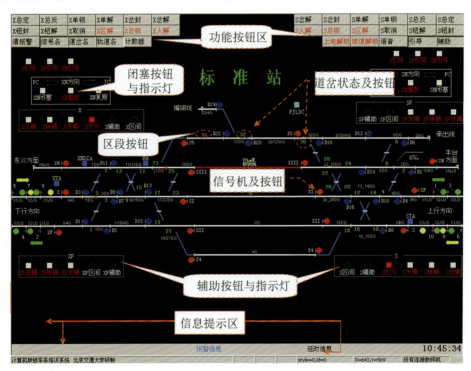

图 4-22　站场结构图

(一) 功能按钮区

当鼠标移到功能按钮区域时,鼠标指针(箭头)由白色箭头转变为一个向上指的手形,则表明到达功能按钮的有效操作区域。在该区域点击一次"鼠标左键"产生一次操作命令。

以下功能按钮按照咽喉区设置,根据上下行咽喉区分别设置在屏幕上方的左面和右面。

具体按钮名称和作用如下：

总定、总反：用于单独操纵道岔。

单解、单锁：用于对道岔进行单独锁闭和单独解锁操作。道岔单独锁闭后可以排列经过该道岔的进路，但是不能单操道岔。

岔封、岔解：在施工、维修等情况下对道岔进行单独封锁/解封操作。道岔封锁后不能再排列经过此道岔的进路，但是可以单操道岔。

钮封、钮解：用于对信号按钮进行单独封锁/解封操作。信号按钮封锁后不能排列以此信号为始终端的进路。

取消、人解：用于取消进路和人工解锁进路。

总锁：用于引导总锁闭操作。

区解：用于区段事故解锁。

下列功能按钮每站设置一个，具体按钮名称和作用如下：

信号名：用于显示/消隐信号机名称。

道岔名：用于显示/消隐道岔名称。

区段名：用于显示/消隐轨道区段名称。

按钮隐：用于显示/消隐一些不常用的功能按钮。

文字隐：用于显示/消隐站场图形上不常用的文字的功能按钮。

清报警：用于清除屏幕提示报警信息及音响报警。

上述功能按钮在显示器上用同一个按钮位置显示，通过在该按钮上点击鼠标右键实现查找按钮功能，然后点击左键实现按钮功能。

计数器：分屏滚动显示铅封按钮的使用次数。

其他按钮包括：加电解锁、倒机解锁、引导、64D相关按钮、四线制改方、非进路调车等。

以上所有按钮若按钮名为红色，则表示其为需要破铅封的按钮，否则表示其为不需要破铅封的按钮。

对于这些按钮中的一些不常用的按钮，可通过点击"辅助或引导"按钮，实现隐藏和显现的功能。在可被消隐的功能按钮已被按下时，点击"按钮隐"，该功能按钮不能消隐。在点击"按钮隐"之前若该功能按钮被抬起，则此功能按钮消失。这些可被消隐的功能按钮，在消隐后点击无效。

为了满足技术条件的要求，采用鼠标操作时，总取消、总人解、道岔总定、道岔总反、道岔单锁、道岔单解、道岔封闭、道岔解封、按钮封闭、按钮解封、区段事故解锁等按钮采取延时抬起的方法。应按规定顺序点击按钮，必须先点击上述功能按钮，后点击其他相关按钮。在上述功能按钮保持点击状态的延时期间内，图形显示器菜单上对应的按钮图形凹下，并有延时倒计时显示。

（二）信号有效操作区域

列车信号按钮用信号机禁止灯光的图形表示，调车信号按钮用信号机名称的汉语拼音字母表示。没有对应信号机的终端按钮、通过按钮、变更按钮，用画在轨道线旁的方框图形表示。操作方法如下：

（1）移动鼠标指针进入信号按钮的有效操作区域，点击鼠标左键。

(2) 调车按钮：点击信号名按钮，产生一次操作命令。

(3) 进站列车按钮：点击信号机按钮，产生一次操作命令。

(4) 出站兼调车按钮：点击信号名按钮，表明按下调车按钮；点击信号机按钮，表明按下列车按钮。

(5) 通过、终端及变更按钮：点击鼠标左键，产生一次操作命令。

（三）道岔按钮区

道岔按钮用道岔号的数字表示。当鼠标在岔尖处移动时，鼠标指针（箭头）由白色箭头转变为一个向上指的手形时，则表明进入有效操作区域。点击鼠标左键，产生一次操作命令。当处于显示道岔名状态时，岔名绿色代表道岔处于定位状态，岔名黄色代表道岔处于反位状态，岔名红色代表道岔处于正在转换或四开状态，岔名红闪代表挤岔状态。

1. 列车基本进路的办理

操作方法：首先点击进路始端按钮，再点击终端按钮。对于变通进路则首先点击始端按钮，再点击变通按钮，最后点击终端按钮。例如，办理从 X 至 4G 的进路操作如下：

① 点击始端按钮 XLA；

② 点击终端按钮 S4LA。

显示：如果进路包含的道岔 C5、C3、C9、C15、C17、C19 及 C27 不在对应位置，则自动转动道岔。当所有的道岔都转到规定位置后，若进路所包含的区段都空闲并且进路中的设备无故障则锁闭进路。进路包含的区段 5DG、3DG、9-15DG、17-23DG、19-27DG 以及股道 4G 显示锁闭光带（白光带）。

2. 列车通过进路的办理

可一次办理，也可分段办理（一般应先办理发车进路，再办理接车进路）。

例如，办理 X 方向的通过进路，以下三种方法均可实现此目的：

① XTA＋XLZA。

②（XLA＋SILA）＋（XILA＋XLZA）。

③（XILA＋XLZA）＋（XLA＋SILA）。

其显示与办理基本进路时的显示相同。

3. 引导接车进路的办理

操作方法：

① 确认进路中相关道岔在规定位置，若不在规定位置，则单操至规定位置。

② 点击站场下方的引导按钮。

例如，办理下行引导进路则点击"X 引导"按钮。首选输入确认密码"123"，再点击"确定"按钮，方可执行。其他接车口分别点击对应的引导信号按钮。

引导信号开放与关闭的条件如表 4-1 所示：

表 4-1　引导信号开放与关闭的条件

	故障类型	时　机
开放信号	接近区段先故障,信号机内方第一区段后故障	进路锁闭后延时 3 min 后开放
	信号机内方第一区段先故障,接近区段后故障	
	接近区段故障,信号机内方第一区段无故障	
	信号机内方第一区段故障,接近区段无故障	进路锁闭后立即开放
关闭信号	接近区段先故障,信号机内方第一区段后故障	延进 30 s 关闭信号,若需开放,则引导重开信号,30 s 后又关闭,如此重复,直到列车进站
	信号机内方第一区段先故障,接近区段后故障	
	信号机内方第一区段故障,接近区段无故障	
	接近区段故障,信号机内方第一区段无故障	立即关闭信号

4. 引导总锁接车的办理

操作方法:"引导总锁"按钮＋"引导"按钮。

"引导总锁"按钮用来锁闭整个咽喉区,进路"引导"按钮用来开放相应接车进路的引导信号机。例如:"下引总锁"＋XYA。

5. 闭塞作业的办理

（1）闭塞

发车站:点击闭塞按钮,为请求发车,发车表示灯显示黄色。

接车站:点击闭塞按钮,为同意接车,接车表示灯显示绿色。

（2）复原

发车站:在出站信号机开放之前点击复原按钮,则复原闭塞。

接车站:在列车到达之后点击复原按钮,则复原闭塞。

（3）事故

发生事故的一方按压事故按钮,则复原双方的闭塞。

注:在没有指定连接关系时,每个车站的上行与下行之间形成一个可以办理闭塞作业的闭环回路,下行东郊则自行与一虚拟车站形成闭塞作业。

6. 基本调车进路的办理

操作方法参见基本列车进路的办理。例如,办理从 D1 至 D5 的调车进路操作如下:

① 点击始端按钮 D1A。

② 点击终端按钮 D5A。

显示:如果进路包含的道岔 C1 不在对应位置,则会自动选动道岔。当满足联锁条件后锁闭进路。进路包含的区段 1DG 和离去区段 1/19WG 显示锁闭光带。

7. 长调车进路的办理方法

长调车进路可一次办理,也可分段办理。

分段办理:可以把长调车进路分为两条或多条长调车进路,逐段办理。

一次办理:与基本调车进路的办理方式一样。

例如,由 D1 至 SIID 的长调车进路的办理有以下几种方法:

① D1A＋SIIDA。

② (D1A＋D5A)＋(D15A＋SIIDA)。

③ (D5A＋SIIDA)＋(D1A＋D5A)。

8. 取消进路

操作："总取消"按钮＋"进路始端"信号按钮。

条件：进路处于预先锁闭阶段，进路空闲。

显示：进路白色光带消失，信号复原。

9. 人工延时解锁进路

操作："总人解"按钮＋"进路始端"信号按钮。

条件：进路处于接近锁闭阶段（对于未处于接近锁闭的进路则不延时，直接解锁），进路中无车，轨道电路无故障。

显示：信号关闭后，在列车或车列（以下通称列车）未冒进信号的情况下，接车进路或正线发车进路延时 3 min 后自动解锁，其他进路延时 30 s 后自动解锁。

10. 区段故障解锁

操作："区故解"按钮＋"区段"按钮。

条件：进路因轨道电路故障而不能自动解锁，解锁无故障区段。

显示：区段恢复青色光带。

注：对于无岔区段，可操作与该无岔区段相邻的道岔按钮。

11. 重复开放信号

操作：单击防护进路的信号机进路按钮。

条件：信号因故关闭后，进路又恢复信号开放的条件。

显示：相应信号灯重新开放。

12. 显示或隐藏全部信号机名称

操作：点击"信号名称"按钮，再次点击"信号名称"按钮则隐藏所有信号机名称。

13. 显示或隐藏全部道岔名称

操作：点击"道岔名称"按钮，再次点击"道岔名称"按钮则隐藏所有道岔名称。

14. 显示或隐藏全部区段名称

操作：点击"区段名称"按钮，再次点击"区段名称"按钮则隐藏所有区段名称。

15. 道岔总定位操作

操作方法："总定位"按钮＋"道岔"按钮。例如："总定位"＋ C1A。

注：对于双动道岔，点击双动道岔的任一道岔均可，下同。

16. 道岔总反位操作

操作方法："总反位"按钮＋"道岔"按钮。例如："总反位"＋ C1A。

17. 道岔单封

操作方法："单封"按钮＋"道岔"按钮。例如："单封"＋ C1A。

封锁后道岔内方显示一个黄色亮点。

18. 道岔解封

操作方法："解封"按钮＋"道岔"按钮。例如："解封"＋C1A。

封解后在道岔内方的黄色亮点消失。

19. 道岔单锁

操作方法："单锁"按钮＋"道岔"按钮。例如："单锁"＋C1A。

单锁后在道岔内方显示一个红色圆点。

20. 道岔单解

操作方法："封解"按钮＋"道岔"按钮。例如："单解"＋C1A。

单解后在道岔内方的红色亮点消失。

21. 行车的控制

在站场轨道区段上用鼠标左键点击" "，选中要控制的车列，然后点击鼠标右键，弹出如图 4-23 所示的对话框。在复选框内选改变火车属性，然后点击确定，则修改完成。其中："性质"栏内的内容为修改列车为调车作业还是列车作业；"行驶方向"以操作员面对显示屏而言，可选择向左或向右行驶；"行车"栏的内容为修改列车的运行状态，操作员可以操作列车的行驶与停车功能。在调车运行中，也先点出控制框，选中"停车"，等车列到达目标区域后，马上点击"确定"，则可实现调车折返操作。

图 4-23 行车控制对话框

二、地铁进路排列

进路有建立和未建立两种状态。建立状态是指建立了进路，即排列了进路，进路就处于锁闭状态；未建立状态是指进路未建立，即没有排列进路，处于解锁状态。建立状态，又称锁闭状态，进路处于锁闭状态时，进路上的所有道岔被锁闭在规定位置，防护该进路的信号机才能开放，列车才可能在该进路上运行；进路锁闭后，进路处于安全状态。进路锁闭方式按照锁闭的时机，可以划分为进路锁闭（又称预先锁闭）、接近锁闭（又称完全锁闭）。进路锁闭，是在进路选通且有关联锁条件具备时构成，列车未占用接近区段；接近锁闭，是在信号机开放后接近区段有车占用时构成。下面来看一个预先锁闭的进路案例，如图 4-24 所示，X1903 至 X1904 进路已建立且始端信号机 X1903 开放，接近区段没有列车占用，此时 X1903 至 X1904 进路为预先锁闭的进路。我们再看一个完全锁闭进路的案例，如图 4-25 所示，X1903 至 X1904 进路已建立且始端信号机 X1903 开放，接近区段有列车占用，此时 X1903

至 X1904 进路为完全锁闭的进路。

如图 4-24 所示,X1903→X1904 进路已建立(办理)且始端信号机 X1903 开放,接近区段没有列车占用。

图 4-24　预先锁闭

如图 4-25 所示,X1903→X1904 进路已建立(办理)且始端信号机 X1903 开放,接近区段有列车占用。

图 4-25　完全锁闭

进路处于未建立状态,又称解锁状态。进路处于解锁状态时,进路中的信号机、道岔、轨道区段处于解锁状态,未构建联锁条件;进路处于解锁状态时,进路处于不安全状态。因此,列车在该进路上运行将极其危险,因而一般不允许列车在没有锁闭的进路上运行。

进路建立过程可分解成以下 5 个阶段:阶段 1 为操作阶段,办理进路时,操作人员点击或按压进路始、终端按钮以确定进路的范围、方向和性质(列车进路或调车进路);阶段 2 为选路(或选岔)阶段,根据已确定的进路范围,自动选出与进路有关的道岔,并确定它们符合进路开通位置;阶段 3 为道岔转换阶段,将选出的道岔转到所需的位置;阶段 4 为进路锁闭阶段。道岔转换完毕后,将进路上的道岔和敌对进路(包括迎面敌对进路)予以锁闭,确保行车安全;阶段 5 为开放信号阶段,进路锁闭后,信号开放,指示列车或车列可驶入进路。

如图 4-26 所示,选排 D11→5G 的调车进路。图中绿色的实心圈表示道岔在定位状态,黄色的实心圈表示道岔在反位状态,红色的实心圈表示道岔在四开位状态。轨道光带为红色表示有列车占用,白光带表示进路锁闭,无光带表示轨道空闲。操作步骤为:① 操作,按压进路始端按钮 D11A 和终端按钮 S5DA;② 选路,选出进路中信号点(D11、S5)和道岔位置(9/11 定位、13/15 定位、21 反位);③ 道岔转换,岔 21 向反位转换;④ 锁闭进路,进路显示白光带;⑤ 开放信号,D11 点亮白灯;⑥ 车列驶入。

图 4-26　进路排列

前面我们所讲的是在所有设备都正常的情况下排列进路及开放信号,如果设备不正常,那么就不能按正常的情况开放信号了。这时要想接车就必须开放引导信号,实行引导接车。具体讲,当进站信号机允许灯光的点灯电路故障、进路上轨道电路故障、道岔没有表示或者不是接车进路的编组线上接车时,必须办理引导接车。引导列车以不超过20 km/h的速度进出站(或进出车辆基地)。在开放引导信号时,为了确保行车安全,对接车进路也要实行锁闭,这种锁闭叫引导锁闭,引导锁闭的方式有两种:引导进路锁闭和引导总锁闭。

引导进路锁闭是按进路锁闭方式引导接车,其使用条件是在接车进路上轨道电路故障占用或进站信号无法开放允许灯光时,以引导进路方式接车。办理方法:可先按压该接车进路的始、终端按钮,排出进路后确认该进站信号机未开放,再破铅封按压相应的引导按钮YA。此时,该接车进路被锁闭,控制台上亮白光带,引导信号开放,控制台上的进站信号显示器红、白灯同时点亮。注意:对于接车进路上有某轨道区段存在故障的情况下,可先将进路上有关道岔单独操纵至所要求的位置并单锁,然后破封按压引导按钮,使该进路锁闭,控制台上除故障区段为红光带外其余显示白光带,随即开放引导信号。

引导总锁闭是将全咽喉道岔都锁闭的方式接车,使用条件为:① 接车进路上某道岔失去表示时;② 向调车线上接车;③ 向非接车进路的股道上反向接车。办理方法:① 对于失去道岔表示的引导进路,除故障道岔需手摇至所需位置外,先将各道岔单独操纵至所需位置;车站值班员确认引导进路正确后,破铅封,按下引导总锁闭按钮YZSA。将该咽喉道岔全部锁闭;然后按下引导按钮YA,开放引导信号。② 向非接车进路上接车,可单独操纵道岔至所需要位置。对于单方向运行的正线股道的反向接车进路,也可用按压始、终端列车按钮以进路方式选出进路,再按下接通光带按钮JGA,确认引导进路正确,然后破铅封按压YZSA,将全咽喉道岔锁闭。此时引导总锁闭表示点白灯,随后按下引导按钮,开放引导信号。注意事项:在用引导总锁闭方式接车时,在电路中既不检查道岔位置正确,也不检查本咽喉区是否建立了敌对进路或另一咽喉区是否建立敌对进路。在此时不需要任何网路参与工作,所以在办理引导总锁闭接车时失去联锁关系,均由值班员人工确认,由人工保证安全。列车进入进站信号机内方后,引导信号便自动关闭。值班人员确认列车全部进入股道后,便可单击(或拉出)YZSA按钮,道岔全部解锁。至此,电路全部复原,引导信号也可随之复原。

如图4-27所示,轨道13—11区段出现红光带,现为列车办理XD→ⅢG引导锁闭进路:① 将XD→ⅢG的进路上的道岔单操至规定的位置;② 破铅封按下引导按钮YA,始端信号机XD开放引导信号HB灯;③ 列车压入进路时XD信号关闭;④ 列车全部进路后,车站值班员按压本咽喉的"总人解"按钮ZRJA进行解锁。

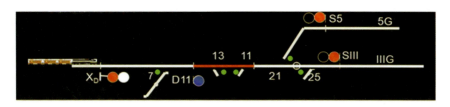

图4-27 引导锁闭

我们再看一个引导总锁闭案例:如图4-28所示,因7#道岔失去表示,现为列车办理XD→ⅢG引导总锁闭进路:① 将XD→ⅢG的进路上的道岔人工单操至定位,道岔13和道岔11单操至定位并单锁;② 始端信号机XD开放引导信号HB灯;③ 列车压入进路时XD

信号关闭;④ 列车全部通过进路后,车站值班员按压本咽喉的"总人解"按钮 ZRJA＋XDLA,则进路解锁。

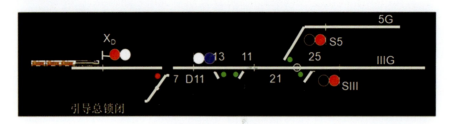

图 4-28　引导总锁闭

进路的解锁:① 进路处于解锁状态时,进路中的信号机、道岔、轨道区段处于解锁状态,未构建联锁条件,进路处于不安全状态。因此,列车在该进路上运行将极其危险,因而一般不允许列车在没有锁闭的进路上运行。② 按照有无人工介入划分,解锁方式可分为自动解锁、非自动解锁。其中,自动解锁包括正常解锁和中途折返解锁;非自动解锁分为两种:一种是列车有无驶入接近区段(无列车驶入接近区段时,采用取消进路方式完成解锁;有列车占用时采用人工解锁方式进行解锁);另一种是故障解锁方式。

如图 4-29 所示,在某区段解锁时应进行"三点检查":某区段的解锁不仅与本区段的占用、出清有关,还与相邻区段的占用、出清有关。如 b 区段解锁的三点检查,以左向运行为例,第一点检查:c 区段的占用、出清;第二点检查:b 区段的占用、出清;第三点检查:a 区段的占用。如果以右向运行为例,第一点检查:a 区段的占用、出清;第二点检查:b 区段的占用、出清;第三点检查:c 区段的占用。

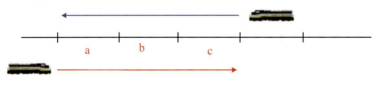

图 4-29　三点检查法

列车在终点站站后折返过程,包括牵出和折返两个过程,在牵出时,往往走不了牵出进路的全程,车列就根据反向调车信号折返了。这时原牵出进路可能部分或全部不能按正常解锁的方式解锁,我们把这部分进路的解锁称为调车中途返回解锁。调车中途返回解锁有两种情况:一是牵出进路全部区段都没有正常解锁;二是牵出进路有一部分已正常解锁,还有一部分区段没有正常解锁。

我们来看一个中途折返解锁案例,如图 4-30 所示,现将机车从 IG 调到ⅢG 上。先将车列牵出到 D13 前方后,建立 D13 到ⅢG 的折返进路,将车列折返到ⅢG 上:① 建立 D17→D3 的牵出进路(先开放 D7,后开放 D17,若 D7 无法开放则 D17 也不能开放);② 将车列牵出到 D13 前方后;③ 建立 D13 至ⅢG 的折返进路,将车列折返到ⅢG 上;④ 将车列折返到ⅢG 上。对于 9-15DG,由于车列折返退出,与正常通过时顺序不一致,无法用正常解锁方式解锁,解决方法是在车列退出后,利用中途折返解锁方式解锁,具体过程在这里不再叙述了。

进路逐段解锁案例如图 4-31 所示,进路 D11 至 5G 逐段解锁。进路解锁过程为:① 车完整进入 11-13DG 时,关闭信号;② 11-13DG:车完整出清时,延时 3～4 s 解锁;③ 21DG:车完整出清时,延时 3～4 s 解锁。延时原因是为防止尾车(或轻车)抖动出现轨道电路假出清,导致提前错误解锁。

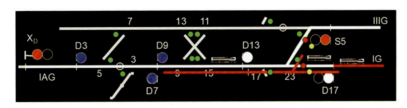

图 4-30 中途折返解锁

图 4-31 逐段解锁

预先锁闭进路解锁案例如图 4-32 所示，预先办理好进路 D11→5G，列车未进入接近区段时，可以采用取消进路方式使进路解锁。取消进路过程为：① 人工办理取消进路手续：单击"总取消"按钮＋"始端信号机"按钮；② 关闭进路始端信号；③ 进路自动解锁。

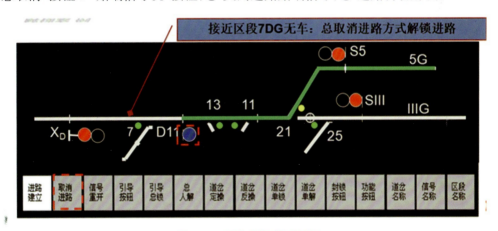

图 4-32 预先锁闭进路解锁

完全锁闭进路解锁案例如图 4-33 所示，列车占用已办理进路的 D11→5G 的接近区段，可采用人工延时解锁方式使进路解锁，简称为"人工解锁"或"总人解"。人工解锁（或总人解）的过程为：① 人工办理取消进路手续：单击"总人解"按钮＋"始端信号机"按钮；② 关闭进路始端信号；则进路由远及近、逐段、自动解锁；③ 延时：接车进路和正线发车进路，延时 180 s；侧线发车进路和调车进路，延时 30 s；④ 延时结束后，如果车列没有进入进路，则进路自动解锁。

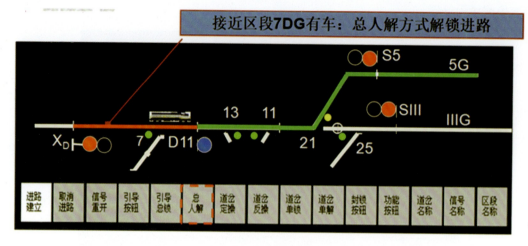

图 4-33 完全锁闭解锁

任务四 联 锁 表

一、联锁表格式

联锁表是根据车站信号平面布置图所展示的线路、道岔、信号机、轨道区段等情况,按规定的原则和格式编制的。联锁表以进路为主体,逐条地把排列进路须按顺序按压的按钮、防护该进路的信号机名称和显示内容、进路要求检查并锁闭的道岔编号和位置、进路应检查的轨道区段名称,以及与所排进路敌对的信号填写清楚。

联锁表是编制计算机联锁程序的唯一依据,也是进行联锁试验的依据。因此联锁表的编制必须准确,设计时要认真、细致,不能疏漏,不能出错。联锁表一般按集成商的系统设计进行编写,各家的内容不尽相同。

联锁表通常有以下各栏:

(1) 方向栏。填写进路性质和运行方向。

(2) 进路号码栏。按全站列车进路、折返进路顺序编号。

(3) 进路栏。逐条列出列车进路、折返进路。

列车进路:如将列车接至某区段时记作"至×G",列车由某信号机发车时记作"由×信号机"。

(4) 排列进路按下按钮栏。填写排列该进路时须按下的按钮名称。

(5) 信号机栏。填写排列该进路时开放的信号机名称及其显示内容。

(6) 道岔栏。按顺序填写进路中所包括的全部道岔及防护道岔的编号和位置。其填写方式如:3/6,表示将3/6号道岔锁在定位;(4/5),表示将4/5号道岔锁在反位;[3/6],表示将3/6号道岔防护在定位;[(4/5)],表示将4/5号道岔防护在反位。

(7) 敌对信号栏。填写排列该进路的全部敌对信号。

(8) 轨道区段栏。按顺序填写排列选路时须检查空闲的轨道区段名称。

其填写方式举例如下：1DG,表示排列进路时须检查1DG区段的空闲;<4/5>3-5DG,表示当4/5号道岔在定位时排列进路须检查侵限绝缘区段3-5DG区段空闲;<(17)>17DG,表示当17号道岔在反位时排列进路须检查侵限绝缘区段17DG空闲。

二、正线联锁表

某折返站的信号设备平面布置如图4-34所示。XC为下行出站信号机,SC为上行出站信号机,F1、F2、F3为防护信号机,Z1、Z2、Z3、Z4为阻挡信号机。其联锁表如表4-2所列。

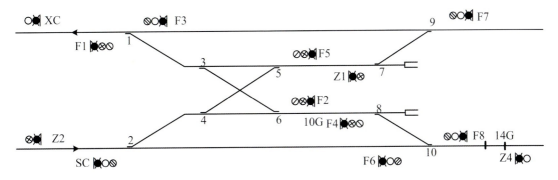

图4-34 某折返站的信号设备平面布置图

编制联锁表的有关注意事项：

1. 防护道岔必须防护

为了防止侧面冲突,有时需要将不在所排进路上的道岔处于防护位置并予以锁闭,这种道岔称为防护道岔。

经由交叉渡线的一组双动道岔反位排列进路时,应使与其交叉的另一组双动道岔防护在定位。如图4-34所示,排列F1—Z4的列车进路,尽管4/5号道岔不在该进路上,但为了防止侧面冲突,应使其防护在定位。否则,排列经3/6号道岔反位进路时,若允许再排列经4/5号道岔反位的进路,将会在交叉渡线处造成侧面冲突。将4/5号道岔防护在定位,经两组双动道岔反位的进路就不能同时建立,而且由于3/6号道岔已锁在反位,经两组双动道岔定位的进路也不能建立,从而避免了侧面冲突的发生。

2. 敌对进路必须严格检查

同时行车会危及行车安全的任意两条进路是敌对进路。下列进路为敌对进路：

(1) 同一正线上对向的列车进路与列车进路,同一正线上对向的列车进路与折返进路。例如,图4-34中的F1—Z4与F2—XC。

(2) 同一存车线上对向的列车进路与折返进路。例如,图4-34中的SC—Z1与F5—Z2。

(3) 经同一道岔对向的列车进路与列车进路,经同一道岔对向的列车进路与折返进路。例如,图4-34中左侧SC—F6与F8—Z2、F8—10G与F4—14G。

表 4-2 某折返站的联锁表

进路性质	进路号码	进路	排列进路按下的按钮	信号机 名称	信号机 显示	道岔	敌对信号	轨道区段	其他联锁	自动进路	折返说明
列车进路	1	F1—Z1	F1A、F5A	F1	U	(1)、3/6、4/5		1DG、3-5DG、3G		否	
	2	F1—Z4	F1A、F2A	F1	U	(1)、(3/6)、[4/5]	F2	1DG、3-5DG、4-6DG、4G		否	
	3	F3—1G	F3A、F1A	F3	L	1		1DG、1G、<4/5>3-5DG		是	
	4	SC—Z1	SCA、F5A	SC	U	(2)、(4/5)、[3/6]	F5	3DG、4-6DG、3-5DG、3G		否	
	5	SC—Z4	SCA、F2A	SC	U	(3)、4/5、3/6	F2	3DG、7-9DG、4G		否	
	6	SC—下站	SCA、下站列车按钮	SC	L	2		2DG、<4/5>4-6DG		是	
	7	XC—下站	XCA、下站列车按钮	XC	L					是	
折返进路	8	F2—XC	F2A、F1A	F2	U	(3/6)、[4/5]、(1)	F1	4-6DG、3-5DG、1DG、1G		否	
	9	F5—Z2	F5A、SC-ZA	F5	U	(4/5)、[3/6]、(2)	SC	3-5DG、4-6DG、2DG、2G		否	
自动折返进路	ZZ	SC/F2ZZ	SC/F2ZZA								由 SC—Z_4 和 F2—XC 组成站后折返进路

3. 超限区段要检查

所谓超限区段，即设置的计轴点距警冲标不足 3.5 m 的轨道区段。当超限计轴点一边停有车辆，另一边有车驶过时，有可能发生车辆侧面冲撞，因此要实行检查。例如，办理图 4-34 的 F3—1G 进路，当 4/5 号道岔定位时，必须检查 3-5DG 的空闲，虽然 3-5DG 不在应选进路上。

三、车辆段联锁表

停车场信号平面布置图如图 4-35 所示，停车场联锁表如表 4-3 所示。

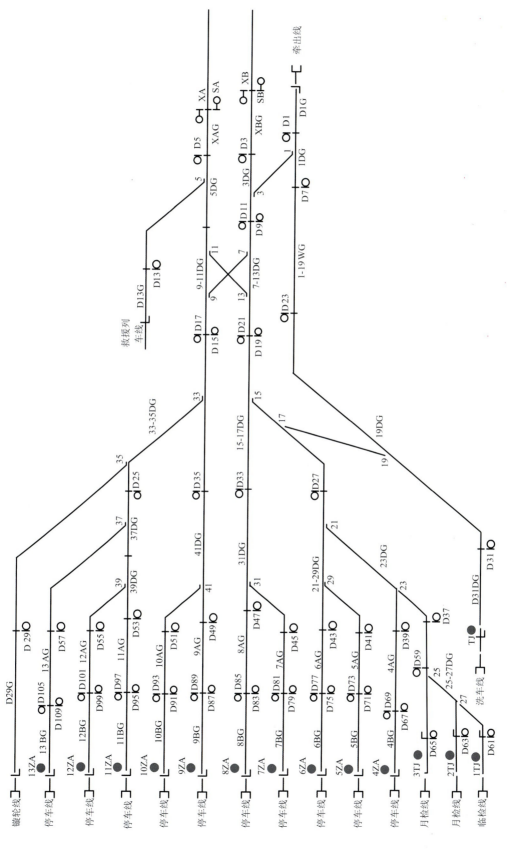

图 4-35 停车场信号平面布置图

表 4-3 停车场联锁表

方向	进路	进路方式	排列进路按下按钮	信号机名称	信号机显示	道岔	敌对信号	轨道区段
列车进路 上行接车XA	至7AG		XALA,7ZA	XA	U,U	5,(11/13),[7/9],15,(31)	SA,D5,D21,D33,D45,D79	XAG,5DG,7-13DG,15-17DG,31DG,7AG
	至7BG		XALA,7ZA	XA	U,U	5,(11/13),[7/9],15,(31)	SA,D5,D21,D33,D45,D79,D81	XAG,5DG,7-13DG,15-17DG,31DG,7AG,7BG
	至12AG		XALA,12ZA	XA	U,U	5,11/13,7/9,(33),35,37,(39)	SA,D5,D17,D15,D25,D55,D99	XAG,5DG,9-11DG,33-35DG,<37>37DG,39DG,12AG
	至12BG		XALA,12ZA	XA	U,U	5,11/13,7/9,(33),35,37,(39)	SA,D5,D17,D15,D25,D55,D99,D101	XAG,5DG,9-11DG,33-35DG,<37>37DG,39DG,12AG,12BG
	至11AG		XALA,11ZA	XA	U,U	5,11/13,7/9,(33),35,37,39	SA,D5,D17,D15,D25,D53,D95	XAG,5DG,9-11DG,33-35DG,37DG,39DG,11AG
	至11BG		XALA,11ZA	XA	U,U	5,11/13,7/9,(33),35,37,39	SA,D5,D17,D15,D25,D53,D95,D97	XAG,5DG,9-11DG,33-35DG,37DG,39DG,11AG,11BG
	至10AG		XALA,10ZA	XA	U,U	5,11/13,7/9,33,(41)	SA,D5,D17,D15,D35,D51,D91	XAG,5DG,9-11DG,33-35DG,41DG,10AG
	至10BG		XALA,10ZA	XA	U,U	5,11/13,7/9,33,(41)	SA,D5,D17,D15,D35,D51,D91,D93	XAG,5DG,9-11DG,33-35DG,41DG,10AG,10BG
	至9AG		XALA,9ZA	XA	U	5,11/13,7/9,33,41	SA,D5,D17,D15,D35,D49,D87	XAG,5DG,9-11DG,33-35DG,41DG,9AG
	至9BG		XALA,9ZA	XA	U	5,11/13,7/9,33,41	SA,D5,D17,D15,D35,D49,D87,D89	XAG,5DG,9-11DG,33-35DG,41DG,9AG,9BG

续表

方向		进路	进路方式	排列进路按下按钮	信号机 名称	信号机 显示	道岔	敌对信号	轨道区段
调车进路	D1	至 D23		D1A,D7A	D1	B	1/3	D7	1DG
	D3	至 D11		D1A,D9A	D1	B	(1/3)	D9	1DG,3DG
	D5	至 D11		D3A,D9A	D3	B	1/3	D9	3DG
	D7	向 D13 信号机(救援列车线)		D5A,D13A	D5	B	(5)	D13	5DG
	D9	至 D17		D5A,D15A	D5	B	5,11/13,7/9	D15	5DG,9-11DG
	D11	至 D21		D5A,D19A	D5	B	5,(11/13),[7/9]	D19,D11	5DG,7-13DG
	D13	向 D1 信号机(牵出线)		D7A,D1A	D7	B	1/3	D1	1DG
	D15	至 SB		D9A,D3A	D9	B	1/3	D3,XB	3DG,XBG
		向 D1 信号机(牵出线)		D9A,D1A	D9	B	(1/3)	D1	3DG,1DG
	D17	至 D21		D11A,D9A	D11	B	7/9,11/13	D19	7-13DG
		至 SA		D13A,D5A	D13	B	(5)	D5,XA	5DG,XAG
		至 SA		D15A,D5A	D15	B	7/9,11/13,5	D5,XA	9-11DG,5DG,XAG
		至 D9		D15A,D11A	D15	B	(7/9),[11/13]	D11	9-11DG,7-13DG
		至 D35		D17A,D35A	D17	B	33	D49	33-35DG
		向 D25 信号机		D17A,D25A	D17	B	(33),35	D25	33-35DG

任务五 计算机联锁

随着计算机技术的迅速发展,尤其是对于可靠性技术和安全性技术的深入研究,出现了计算机联锁,其正渐趋成熟并推广使用。它与电气集中联锁设备相比,在安全性、可靠性、经济性以及设计、施工、维修、使用等方面具有明显的优势,更适应信号设备数字化、网络化、综合化、智能化的要求,是车站联锁设备未来的发展方向。

一、计算机联锁的发展

20世纪70年代后期,随着计算机的迅速发展和推广应用,以及可靠性技术的进步,各国相继开始研究计算机联锁,从软件入手,采用通用计算机,通过软件或硬件冗余实现"故障—安全"。1978年,由瑞典研制的世界上第一套计算机联锁控制系统在瑞典哥德堡站的成功应用,掀开了车站联锁控制系统研究与应用的新篇章,到了20世纪90年代,不少国家已开始大面积推广计算机联锁控制系统。

在我国,从20世纪80年代起,铁道科学研究院、铁道部通信信号总公司研究设计院、北方交通大学等科学研究机构相继展开了计算机联锁控制系统的研制工作。1984年,铁道部通信信号总公司研究设计院研制生产出了国内第一个车站计算机联锁控制系统,并成功地应用于地方铁路,填补了我国计算机联锁控制系统的空白。

目前通过铁道部技术鉴定的计算机联锁系统有以下几种:

(1) 铁科院通号所的 TYJL-Ⅲ型双机热备结构计算机联锁系统和关键部件采用美国三取二安全计算机的 TYJL-TR9 型计算机联锁系统。

(2) 铁道部通信信号总公司研究设计院的 DS-11 型双机热备结构计算机联锁系统和关键部件采用日本京三公司二取二安全计算机的 DS6-K5B 型计算机联锁系统。

(3) 北京交通大学微联公司的 JD-1A 型双机热备结构计算机联锁系统和关键部件采用日本信号株式会社专用计算机系统的 EI32-JD 型计算机联锁系统。

(4) 卡斯柯信号有限公司的 CIS-Ⅰ型双机热备结构计算机联锁系统和 VPI 型双机热备结构计算机联锁系统。

二、计算机联锁的特点

计算机联锁与传统的继电联锁的主要区别在于:

(1) 利用计算机对车站值班员的操作命令和现场监控设备的表示信息进行逻辑运算后完成对信号机、道岔进路的控制,并实现联锁关系。

（2）计算机发出的控制信息和现场传回的表示信息均可实现串行传输,节省电缆。

（3）用屏幕显示代替控制台表示盘,体积小,便于使用,还可根据需要多机并用。

（4）采用模块化软件和硬件结构,便于设备改造,并容易实现故障控制、分析等功能。

与继电联锁相比,计算机联锁具有以下显著优点:

（1）随着大规模集成电路的发展,计算机联锁系统性能价格比的优势将更大。

（2）采取硬件和软件冗余技术后（如双机热备系统、三取二表决系统等）,系统的安全性、可靠性将得到提高。

（3）联锁功能更加完善,便于增加进路储存、自动选路等新功能,克服 6502 电气集中联锁难以解决的问题。

（4）减少系统设计、施工、维护、改造的工作量,易于实现系统自身化管理,利用自诊断、自检测功能及远距离联网,实现远距离诊断。

（5）人机界面灵活,显示内容丰富,信息量大,便于与其他系统联网,提供及交换各种信息,并协调工作,实现行车管理现代化。

作为行车安全控制的核心,计算机联锁系统应用大量电子元件,系统中负责实现联锁运算的联锁计算机一旦出现硬件故障,影响面将会很大,甚至使系统不能工作,因此必须在抗电磁干扰及防止雷害等方面采取防护措施,在系统设计方面进一步提高其可靠性和安全性。

三、计算机联锁设备组成

下面以应用广泛的 TYJL-Ⅱ型计算机联锁系统为例介绍计算机联锁设备组成。

TYJL-Ⅱ型计算机联锁系统的系统结构如图 4-36 示。

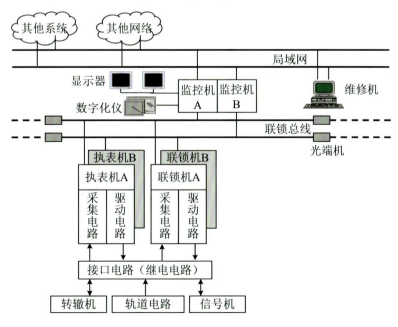

图 4-36　TYJL-Ⅱ型计算机联锁系统结构

项目五　ATC系统

任务一 ATC 系统

信号控制系统是保障行车安全、提高运输能力的关键技术装备。城市轨道交通信号控制系统随着微电子技术、计算机技术、通信技术的发展而不断发展。在信号控制系统中,地面与车载设备的安全信息传输方式,大致经历了模拟轨道电路、数字轨道电路和无线通信3个阶段。

1. 基于模拟轨道电路的 ATC 系统

轨道电路是将区间线路划分为若干固定的区段,进行列车占用检查和向车载 ATC 设备传送信息的载体。列车定位以固定的轨道电路区段为单位,采用模拟轨道电路方式由地面向车载设备传送 10～20 种信息,列车速度控制方式采用阶梯式速度控制,称为固定闭塞,如图 5-1 所示。模拟轨道电路在我国应用的代表产品有:从英国西屋引进的 FS-2500 无绝缘轨道电路(北京地铁 1 号线、13 号线);从美国 GRS 公司引进的无绝缘数字调幅轨道电路(上海地铁 1 号线);大连轻轨采用国产 WG-21A 轨道电路。

从系统整体角度来看,基于模拟轨道电路的 ATC 系统中各子系统处于分立状态,技术水平明显落后,维修工作量大,制约了列车运行速度和密度的进一步提高,将逐步退出历史舞台。

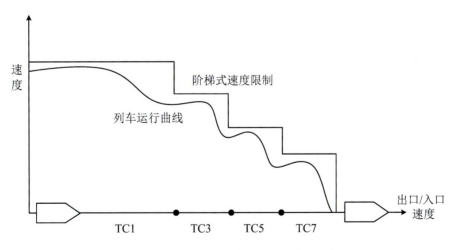

图 5-1 模拟轨道电路列车运行速度控制示意图

2. 基于数字轨道电路的 ATC 系统

数字轨道电路采用数字编码方式,地面向车载设备传送数十位数字编码信息,列车可实现一次性模式曲线式安全防护,缩短了列车运行间隔,提高了舒适度。数字轨道电路列车速度控制曲线如图 5-2 所示。

采用数字轨道电路的 ATC 系统,列车可实现一次性模式曲线式安全防护,因此称为准移动闭塞。数字轨道电路在我国应用的代表产品有：美国 USSI 公司的 AF-904 无绝缘数字轨道电路(上海地铁 2 号线、津滨轻轨等)；德国西门子公司的 FTGS 无绝缘数字轨道电路(广州地铁 1、2 号线，南京地铁 1 号线等)。数字轨道电路的 ATC 系统采用微电子技术、计算机技术和数字通信技术，延续了轨道电路"故障—安全"的特点，目前在我国和世界其他范围内开通运用得较多，系统的可靠性和稳定性得到了充分的验证。但数字轨道电路存在以下缺点：

(1) 必须具备很强的抗干扰能力。轨道电路中 ATC 信息电流一般在几十 mA 至几百 mA，而列车牵引回流最大可达 4000 A。

(2) 受轨道电路特性限制，只能实现地面向列车的单向信息传输，信息量也只能到数十比特，限制了 ATC 系统的性能。

(3) 与牵引供电专业的设备安装相互影响。信号设备和牵引供电设备都需要安装在轨道上，2 个专业设备的安装必须相互协调，否则会相互影响对方系统的性能。

(4) 无法进行列车精确定位。只能按轨道电路区段对列车进行定位，一般区段长度为 30～300 m，对缩短列车运行间隔有一定的限制。

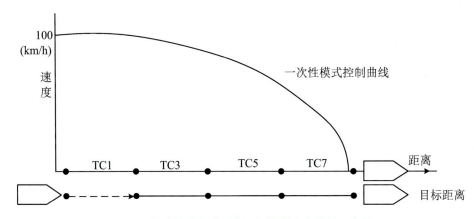

图 5-2　数字轨道电路列车运行控制速度控制示意图

3. 基于通信的列车运行控制系统(CBTC)

CBTC 的特点是前、后列车都采用移动定位方式，通过安全数据传输，将前行列车的位置信息安全地传递给后续列车，可实现一次模式曲线式安全防护，并且其防护点能够随前车的移动而实时更新，有利于进一步缩小行车间隔、提高运输效率，称为移动闭塞。CBTC 系统列车速度控制如图 5-3 所示。

无线通信的传输方式很多，但是目前国内主要采用 4 种方式：

(1) 无线 AP 传输方式：采用沿着轨道方向的无线定向天线，传输距离可以达到 200～400 m。优点是安装简单、施工方便、成本低。缺点是无线场强分布不均匀。

(2) 漏缆传输方式：沿着同轴电缆的外部导体周期性或非周期性配置开槽口，电信号在该电缆中传输的同时，能把电磁能量的一部分，按要求从特殊开槽口以电磁波的形式放射到周围的外部空间，既具有传输线的性质，又具有无线电发射天线的性质。优点是场强覆盖均匀、适应性强、电磁污染小等。缺点是成本较高。

(3) 波导管传输方式：波导管是一种双向数据传输的无线信号传输媒介，具有传输频带宽、传输损耗小、可靠性高、抗干扰能力强等优点。缺点是工艺复杂，受环境湿度影响较大。

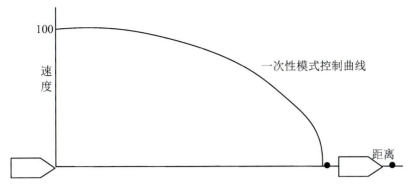

图 5-3　CBTC 列车运行速度控制示意图

（4）感应环线方式：通过轨道铺设交叉感应环线，实现无线通信。在我国已经开通使用的武汉轻轨和广州地铁 3 号线采用的是加拿大阿尔卡特公司的 SelTracMB 系统，用感应环线实现"车－地"信息双向传输；北京地铁 10 号线和奥运支线、广州地铁 4 号线采用德国西门子公司的 Trainguard MT，用点式 AP 实现无线信息传输；北京地铁 2 号线改造工程、机场线采用法国阿尔斯通公司的 URBALISTM，用波导管和点式 AP 实现无线信息传输。现在正在建设的城市轨道交通项目，都选择了基于点式 AP 无线通信的 CBTC 系统，它已经成为我国城市轨道交通信号控制系统选型的主流制式。

CBTC 系统采用当前先进的计算机技术和信息传输技术，不与牵引供电争轨道，有利于牵引供电专业合理布置设备；不需要在轨道上安装设备，易形成疏散通道。采用 CBTC 技术，具有多方面优势（提高效率、易于延伸线建设和改造升级），可以充分利用国内现有的信号产品和资源，易于实现国产化。其中具有完全自主知识产权的计算机联锁设备和 ATS 子系统已经成功开通使用。但目前 CBTC 系统的应用在国际上还处于初期阶段，开通投入商业运营的线路并不多，开通过程中主要存在以下技术瓶颈，需要在今后的研制和工程实施中加以解决：

（1）CBTC 系统的列车定位和移动授权依赖无线信息传输，如果某列车或地面某点发生无线通信中断或故障，就会失去对列车的定位，将对运营造成较大的影响，且故障处理将比原来的轨道电路系统复杂。世界上已进行了近 30 年的 CBTC 系统研制，最大的技术瓶颈就是一旦发生通信故障，如何保障行车安全和减小对运营的影响。为此绝大多数采用 CBTC 系统的工程都配置了后备信号控制系统，以解决上述问题。

（2）除采用环线通信外，目前 CBTC 系统采用的 IEEE 802111 系列的 WLAN 标准是一个开放的无线频段，该频段不限制其他用户使用，用户较多时容易造成相互干扰，特别是在高架开放区段，提高系统抗外部干扰能力尤为重要。

（3）列车从地面的一个 AP 切换到另一个 AP 时信息传输会有中断，存在一定程度的丢包现象，如何提高信息传输的可靠性也待研究。

任务二 基于轨道电路的 ATC 系统

固定闭塞 ATC 系统是指基于传统轨道电路的自动闭塞方式,闭塞分区按线路条件经牵引计算来确定,一旦划定将固定不变。列车以闭塞分区为最小行车间隔,ATC 系统根据这一特点实现行车指挥和列车运行的自动控制。固定闭塞 ATC 系统又可分为速度码模式和目标距离码模式。

一、速度码模式(台阶式)

如北京地铁引进的英国西屋公司的 ATC 系统和上海地铁 1 号线引进的美国 GRS 公司的 ATC 系统,均属此类 ATC 系统。该系统为 20 世纪七八十年代的产品,技术成熟,造价较低,但因闭塞分区长度的设计受限于最不利线路条件和最低列车性能,不利于提高线路运输效率。固定闭塞速度码模式 ATC 基于普通音频轨道电路,轨道电路传输信息量少,对应每个闭塞分区只能传送一个信息代码,从控制方式划分可分成入口控制和出口控制两种,从轨道电路类型划分可分为有绝缘和无绝缘轨道电路两种。

以出口防护方式为例,轨道电路传输的信息,即该区段所规定的出口速度命令码,当列车运行的出口速度大于本区段的出口命令码所规定的速度时,车载设备便对列车实施惩罚性制动,以保证列车运行的安全。由于列车监控采用出口检查方式,为保证列车安全追踪运行,需要一个完整的闭塞分区作为列车的安全保护距离,限制了线路通过能力的进一步提高和发挥。能提供此类产品的公司有:英国 WSL 公司、美国 GRS 公司、法国阿尔斯通公司、德国西门子公司等。

二、目标距离码模式(曲线式)

目标距离码模式一般采用音频数字轨道电路,或音频轨道电路加电缆环线,或音频轨道电路加应答器,它们具有较大的信息传输量和较强的抗干扰能力。通过音频数字轨道电路发送设备或应答器向车载设备提供目标速度、目标距离、线路状态(曲线半径、坡道等数据)等信息,车载设备结合固定的车辆性能数据,计算出适合于列车运行的目标距离速度模式曲线(最终形成一段曲线控制方式),保证列车在目标距离速度模式曲线下有序运行。不仅增强了列车运行的舒适度,而且列车追踪运行的最小安全间隔缩短为安全保护距离,有利于提高线路的通过能力。如上海地铁 2 号线引进的美国 US&S 公司的 ATC 系统,上海轨道交通 3、4 号线引进的法国阿尔斯通公司的 ATC 系统,广州地铁 1、2 号线引进的德国西门子公司的 ATC 系统均属此类。基于轨道电路的 ATC 系统如图 5-4 所示。

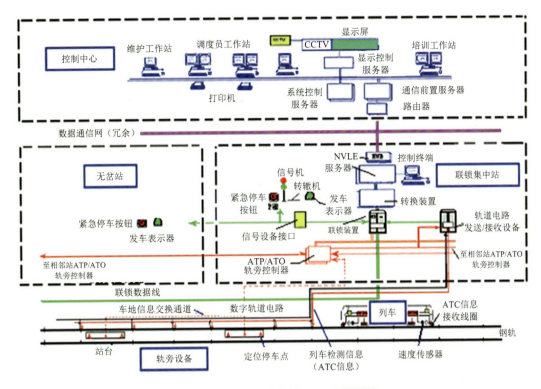

图 5-4　基于轨道电路的 ATC 系统框图

任务三　基于无线通信的 ATC 系统

移动闭塞方式的 ATC 系统通常采用无线通信、地面交叉感应环线、波导等媒体,向列控车载设备传递信息。列车安全间隔距离根据最大允许车速、当前停车点位置、线路等信息计算得出,信息被循环更新,以保证列车不间断收到即时信息。

移动闭塞 ATC 系统是利用列车和地面间的双向数据通信设备,使地面信号设备可以得到每一列列车连续的位置信息,并据此计算出每一列列车的运行权限,动态更新地发送给列车,列车根据接收到的运行权限和自身的运行状态,计算出列车运行的速度曲线,实现精确的定点停车,实现完全防护的列车双向运行模式。移动闭塞方式更有利于线路通过能力的充分发挥。

移动闭塞 ATC 系统在我国还未有应用实例,国外能提供此类系统的公司有:阿尔卡特公司以交叉感应电缆作为传输媒介的 ATC 系统,在加拿大温哥华"天车线"和香港 KCRC 西部铁路等处应用,技术比较成熟,但交叉感应轨间电缆对线路日常养护来说不便;美国哈蒙公司基于扩频电台通信的移动闭塞 ATC 系统应用在旧金山 BART 线,其系统结构、系统运用尚不成熟;阿尔斯通公司基于波导传输信息的移动闭塞 ATC 系统运用于新加坡西北线。

基于无线通信的 ATC 系统，简称为 CBTC(Communication Based Train Control System)。CBTC 系统由列车自动监控(ATS)子系统、数据通信子系统(DCS)、区域控制器(ZC)、车载控制器(VOBC)及司机显示器等组成。各子系统之间的通信是基于开放的、标准的数据通信系统；地面与移动的列车之间，都是基于无线(Radio)通信方式，进行信息交换。

CBTC 系统设备的典型配置如图 5-5 所示，它包括控制中心、停车场、轨旁以及车载的设备。

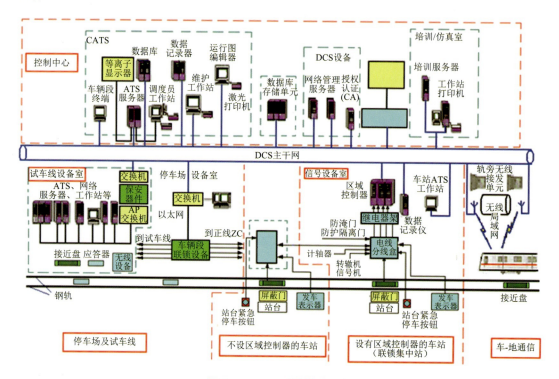

图 5-5　CBTC 系统基本组成

1. 列车自助监控(ATS)设备

CBTC 系统的 ATS 显示界面如图 5-6 所示，它与基于轨道电路的 ATC 系统的 ATS 显示界面有很大区别，其列车在线路上的位置不再是所占用的轨道区段，而是具体的位置，并且能够显示更多的列车数据信息，但这些数据信息不能直接显示在 ATS 界面上，而是当点击列车时，该列车所对应的相关数据以列表的方式显示给调度人员。当然在界面上对于列车运行进路，以及对应的防护进路都有明确的表示。

图 5-6　CBTC 显示屏示意图

ATS 界面上显示的列车状态图标如图 5-7 所示，根据不同的显示不仅可以掌握运行列车的驾驶模式，而且可以了解该列车是不是计划列车，以及偏离时刻表的状况。

图标	列车操作模式说明	图标	图示说明
112	非通信列车	1122SG	非计划列车。非准点显示。列车处于运行线指派
112 F	限制人工向前	1122	非计划列车。非准点显示。列车在单一目的地进路。
112 R	限制人工向后	122SG	运行间隔或时刻表校准。列车正点
112 X	关闭	122SG	运行间隔或时刻表校准。列车晚点
112 W	洗车模式	122SG	运行间隔或时刻表校准。列车早点
112 S	轨旁信号保护模式		

图 5-7 显示屏中列车状态图标

2. 数据通信系统(DCS)设备

CBTC 系统的所有设备，都和数据通信系统(DCS)相连。DCS 设备包括轨旁光纤骨干网、轨旁无线设备接入点(AP)、车载无线设备、控制中心和联锁集中站的局域网和交换机。

与传统 ATC 系统相比，CBTC 系统车-地间的无线通信系统是其最大的特色，图 5-8 是设置于轨旁的无线调谐单元(AP)、设置于区间(车站)的立柱及设置于隧道壁的天线。天线的配置必须保证车-地间数据信息通信的不间断，确保线路全覆盖，并且确保 100% 地重叠，万一某一个点故障，也不至于影响车-地通信，在设计、施工阶段必须进行动态测试。

图 5-8 CBTC 系统轨旁无线单元(AP)及天线示意图

CBTC 系统除了采用无线空间波传输外,也可以采用其他传输方式,基于波导管传输的 CBTC 系统在新加坡东北线已经成功运用,我国地铁也有采用,图 5-9 所示的就是设置于轨旁的波导管传输设备,另外还有设置于轨间的无源应答器(信标),用于给列车定位。

图 5-9　基于波导管传输的移动闭塞地面局部设备示意图

3. 分布式的轨旁设备

在具有联锁功能的车站,配有区域控制器(ZC)和其他相关设备。区域控制器具有 3 台处理单元,为冗余的 3 取 2 配置。并且区域控制器采用模块化结构,具有可再配置、可再编程和可扩展性。所有区域控制器设备和数据通信系统骨干网的连接都采用冗余(双)连接。

每个联锁车站设有一个 ATS 工作站(LATS),该工作站与数据通信系统冗余连接。在中央 ATS 故障时,可以进行本地控制。每个联锁车站都有一台数据记录器,记录区域控制器之间传送和接收的网络信息。

区域控制器的主要组件包括移动授权单元(MAU)和基于计算机的联锁系统(PMI)。计算机联锁系统的控制功能包括控制道岔转辙机和轨旁信号机,并监督站台屏蔽门、防淹门、站台紧急停车按钮、计轴区段的状态。计算机联锁系统包括电子联锁模块(MEI)、看门狗继电器机架(CDG)、运行和通信模块(SCOM)、维护辅助系统(SAM)等。图 5-10 为计算机联锁系统机架及其结构示意图,如图所示电子联锁模块(MEI)设有两套安全控制和命令(MCCS)机架,用于接收现场设备的状态信息,如道岔、信号机、计轴区段状态等,并与运行和通信模块通信。两套 MCCS 包含两台工控机,平时都处于激活状态:一个处于主机工作状态,另一个处于备用状态。另外,两套 MCCS 都容纳 16 块 I/O 接口板卡。

区域控制器的移动授权单元(MAU)包括以下子架:主处理单元(MPU)和外设处理器单元(PPU)。主处理单元中三个 CPU 通过高速串行链路,分别与外设处理器单元中三个外设接口通信和控制单元(PICC)进行连接。三套设备中只要有两套正常运行,系统就可以运行(即 3 取 2 的冗余配置)。

轨旁区域控制器向列车发送的数据信息中,主要是至目标停车点的"进路地图"信息,即

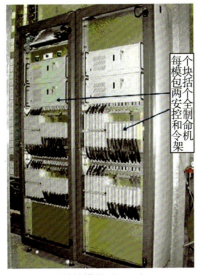  

电子联锁模块（MEI）　　　　定位信标　　　　接近传感器

图 5-10　计算机联锁系统、定位信标和接近传感器

线路的拓扑结构。"进路地图"实际上是线路示意图，它由一系列的节点和边线来表示，包括轨道的分叉、运行方向的变更以及线路尽头等位置，这些都归纳为"节点"，不同节点的位置是数据库的主要内容。连接两个"节点"的线路，称为"边线"(Edge)。每个边线均有一个从起始节点到终止节点的默认运行方向，"边线"上的任何一点，均由其与起始节点的距离来表示，这称为"偏移"(Offset)。所以线路上的位置均由"边线""偏移"矢量来定义，包括车站站台、道岔、应答器、速度区域边界、不同坡度的线路段等。

这些距离信息对于列车定位至关重要，因此这种 CBTC 系统的轨旁必须设有很多用于定位校正的信标，图 5-10 所示的定位信标设置于线路的轨间，数量根据距离定位要求而定；接近传感器设置于车站站台区域停车点，以确保列车停车精度。

4. 车载设备

列车上的设备包括：一个车载控制器（VOBC）、两个移动无线设备和两个司机显示器（TOD）。车载控制器具有 3 台处理单元，为冗余的 3 取 2 配置。车载控制器也是模块化结构，具有可再配置、可再编程和可扩展性。图 5-11 为设置于列车上的车载控制器内部结构及其加速度计示意图。

图 5-12 所示的司机显示器与车载控制器接口将显示以下信息：

（1）对司机的信息显示

包括：最大允许速度、当前运行速度、到站距离、列车运行模式、停站时间倒计时、系统出错信息等。

（2）司机输入信息

包括：输入司机身份、列车运行模式及其他开关、按钮的输入。

CBTC 系统车载设备，还有如图 5-13 所示的用于检测定位信标、接近传感器的接收器，以及设于车轴的速度传感器。其中，设置于车站站台区域的接近传感器，用于向列车传送定位停车信息,以确保定位停车的精度,图 5-13 居中位置的照片显示的就是列车用于检测接近传感器的车载设备。

图 5-11　车载控制器及加速度计示意图

图 5-12　驾驶台的司机显示器

图 5-13　部分车载设备(用于检测定位信标、接近传感器、列车速度)

四、CBTC 的降级运行信号系统

当前,我国大多数城市轨道交通在建设 CBTC 系统时,都加设了 CBTC 降级运行信号控制系统,又称为 CBTC 降级运行模式或后备模式。建设后备模式的主要原因是:第一,考虑到万一无线通信系统故障时,为确保列车运行安全,可采用后备模式作为应急预案;第二,在 CBTC 信号系统线路的试运营阶段,因 CBTC 系统无法全功能开通,列车仍能够以联锁自动站间闭塞和简单超速防护的方式运行。鉴于各厂家 CBTC 制式不同,降级运行信号系统的模式也不尽相同,但基本上都是选用基于计轴器设备来检测列车位置和固定闭塞的降级运行信号控制系统。下面以上海轨道交通采用的轨旁信号防护(WSP)系统为例,对降级运行信号系统进行简要介绍。

1. 降级运行信号控制系统概述

降级运行信号系统主要有车站联锁和站间闭塞两大关键系统组成,用以实现列车运行进路控制和列车间隔控制。该系统本质上类似于铁路的自动闭塞系统,仅是实现方式不同。两者最大的区别在于:降级运行信号系统不采用轨道电路,而是用计轴器来检测轨道区段的占用情况。鉴于计轴器闭塞系统的实现机理,计轴器不向列车传送数据信息。因此,降级系统采用设置于地面信号机处的传感器向列车传送点式数据信息,实现"点式"超速防护,以确保列车的运行安全。一般情况下,由驾驶员根据地面信号的显示控制列车的运行。在实现 CBTC 车-地无线通信及软件不断升级的前提下,也可以实现点式 ATO,完成列车自动运行控制。

降级运行信号控制系统实现列车自动控制的基本原理是:① 基于计轴器检测列车占用轨道区段,并实现道岔、信号和进路的联锁功能(进路锁闭、接近锁闭、区段锁闭等);② 基于车载列车定位和与信号关联信标的简单超速防护,实现倒溜防护、冒进信号时施加紧急制动;③ 由控制中心 CATS 实现固定进路自动控制,并显示全线路列车运行状态、信号设备状态以及其他与安全相关的设备的状态及故障报警。

降级运行信号控制系统建设的关键内容:① 轨旁设备:计轴器的设置;计算机联锁和相应的转辙机及地面信号机设置;定位信标和与信号关联的有源信标(传感器)的设置;② 车载控制器(VOBC)及其司机显示(TOD)单元、测速发电机、加速度机、应答查询器、接近传感器、无线通信天线等的设置和运用;③ 地面 ATS 设备:控制中心 CATS 和联锁集中站 LATS 的运用(在 CATS 不能运用的情况下,ATS 不包括时刻表调整等功能)。

图 5-14 是降级运行信号系统轨旁信号机、计轴器、AP 接入点的设置示意图;图中 X0103 信号机为该站出站信号机,X0101 为设置于区间用于闭塞分区分割的通过信号机,也可以理解为"进站"信号机或"通过"信号机;对应于信号机坐标点、轨道区段的分割处、道岔分支点都设置相应的计轴器用于检测列车对轨道区段的占用,计轴器之间标有轨道区段的名称(如 G0331);另外,绿色显示的是用于车地无线通信的 AP 接入点(如 AP0102)。通过图 5-14 可以看出整个线路的轨道区段划分以及信号机的配置。 ◐◑ 为共用的计轴器,例如设置于交叉渡线道岔中间的计轴器,◐● 为一般与信号机一起设置的计轴器。

图 5-15(a)为定位信标、有源信标等的设置示意图,图中三角形显示的信标为 CBTC 的定位信标(无源),一般称为 A 型信标,A 型信标用于确定列车位置,当一辆列车驶过该信标

时,会收到该信标的信息,列车获得在线路上的绝对位置。

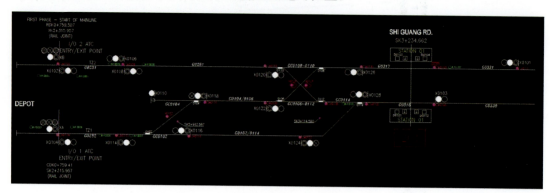

图 5-14　降级运行信号系统信号机、计轴器和 AP 接入点配置图

B 型信标,有信号机 B 型信标和进路 B 型信标两种。信号机 B 型信标,与轨旁信号机相关联;进路 B 型信标,安装于接近道岔的前方,指示列车进路是开通正向还是侧向(道岔位置状态),以控制列车运行速度。它们都是有源信标。另外还有两对特殊的信标用于车轮校准。图 5-15 中,"*"图例显示对应于信号机的有源信标,而且与信号机显示对应,有传送"绿色"的 B 型信标,传送"白色"的 B 型信标,还有 3 重、2 重 B 型信标等。

站台区域出站信号机处的信标,设置了三个不同位置的有源信标,这是考虑到列车编组不同以及列车接收信标信息的接收器位于列车头部还是列车尾部,见图 5-15(a)。另外,图 5-15(b)中黄色"▬"显示的图例,是设置于站台区域的接近传感器,用于对位停车控制。接近传感器执行以下功能:确认列车位于车站指定停车点;VOBC 在允许站台门、车门启动前,必须接收到接近传感器发出的对位确认。

如果一辆列车越过一架红色显示的信号机,则列车处于 WSP 模式紧急制动;在可以切换到 WSP 模式前,列车必须检测到一个信号机 B 型信标的开放允许信息。

基于计轴器对轨道区段占用的跟踪,区域控制器提供了联锁的区段锁闭、进路锁闭和接近(延时)锁闭等联锁功能。为此,在道岔区段防护信号机的入口区段都设置了相应信号机的接近区段,如图 5-16 所示,接近区段长度由故障列车的最大允许速度、司机反应时间、列车紧急制动响应时间和列车紧急制动的距离决定。接近区段长度按故障列车的最大允许速度乘以司机反应时间加上列车紧急制动响应时间,然后加上列车紧急制动的距离。

当一条进路按计划或人工被设置,区域控制器把相应的信号机设置为允许显示,并激活相应的信号显示信标,这样就允许 WSP 模式的列车通过该区域。

列车间隔控制相当于"双红灯"防护,列车的司机显示(TOD)向驾驶员提供列车到下一个信号机的距离,也就是说两列车之间至少间隔一个未占用的区段(两架红色显示信号机),列车处于 WSP 模式下,如果列车越过一架红色显示的信号机,列车会自动实施紧急制动。如图 5-17 所示,后续列车允许运行至与先行列车间隔一个轨道区段。

假如在站间区间设置一个通过信号机,这个信号机实际上是列车进站的防护信号,也是闭塞分区的分割信号点。那么,在降级运行信号系统模式下运行,每个车站可以有一列车,这样的运行间隔完全可以满足试运营阶段的通过能力。

2. 降级运行信号控制系统的主要功能

降级运行信号控制系统,既是 CBTC 系统故障(例如失去通信)情况下的信号控制系统,

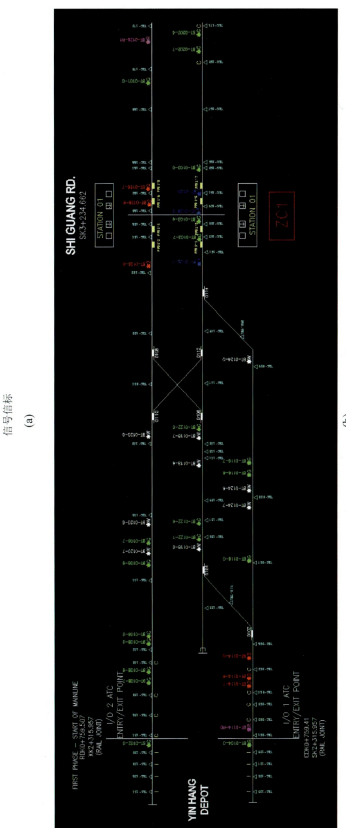

图 5-15 降级运行信号系统的配置图

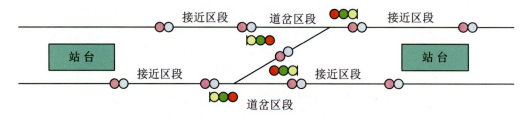

图 5-16　接近区段长度的确定

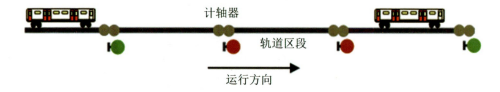

图 5-17　列车运行间隔控制示意图

又是 CBTC 系统还没有开通及应用情况下的列车运行控制系统。在降级运行信号系统运用的情况下,可以利用不运营的时段对 CBTC 系统进行调试。上海地铁的降级运行信号系统,已经实现了无线车-地数据双向通信。列车定位信息可通过 VOBC 传送至控制中心,但还是基于计轴器来检测列车和实现联锁控制,而且列车前行的"目标距离"仍是前方信号机的位置;也就是说,还不能向列车传送"移动授权限制"。目前,降级运行信号控制系统已经可以实现 ATO 运行。由于后续列车不是按移动授权限制运行,因此还不能说是 CBTC 系统。降级运行信号控制系统的主要功能如下:

(1) 车载控制器(VOBC)的功能

列车按轨旁信号防护(WSP)驾驶模式运行,该驾驶模式并不属于 CBTC 的驾驶模式,是由于采用降级信号系统而增设的驾驶模式。

① 实现速度控制和超速防护。车载控制器(VOBC)对列车速度进行连续不断的监督,并且不断地比较列车的实际速度与最大的允许速度,这个最大允许速度,是根据数据库中的土建限速以及其他限制条件计算得到的。最大允许速度和列车的实际速度,都显示在驾驶室的 TOD 上,一旦列车实际速度接近最大允许速度,就会产生声音报警,提醒司机减速。如果在一定的时间内司机没有采取减速措施,VOBC 将施加紧急制动。

② 实现"闯红灯"防护。车载控制器将监控列车是否闯红灯。当列车越过红灯信号时,车载控制器将检测不到与信号机允许显示相应的 B 型信标数据信息,从而触发紧急制动;列车在紧急制动(EB)后,司机必须对 EB 进行释放,以便列车重新行驶。EB 释放以后的最大允许速度,将被限制在 20 km/h,直到 WSP 模式通过下一架信号机。

③ 列车倒溜、打滑防护。车载控制器也对列车倒溜进行监控,当列车停车后,车载控制器能探测到列车沿允许行驶方向的相反方向倒溜的情况。车载控制器允许列车向相反方向移动 1 m 的距离,如果超过最大倒溜距离,车载控制器将施加紧急制动。

④ 司机显示。司机显示单元(TOD)显示内容,包括:列车运行实际速度、目标速度、驾驶模式(WSP)、到下一架信号机的距离等。

⑤ 车-地无线通信。车载控制器具备车-地无线通信功能,列车可以向区域控制器传送列车状态、列车位置等数据信息,但是区域控制器不向列车传送移动授权限制数据信息。

（2）区域控制器（ZC）提供的功能

降级运行信号系统基于计轴轨道区段的自动站间闭塞，为此，在每个车站出口处设置出站信号机，并设置相应的有源信标，以向列车传送与该信号机相关的数据信息。降级信号系统满足列车运行间隔控制的要求，一般按 4～8 min 的运行间隔配置计轴器、信号机、信标，为此在区间的适当地点，可以增设地面信号机（相当于分割闭塞分区）和信标。

① 实现基于计轴器的列车占用轨道区段检测。降级运行信号系统的基础是基于计轴器的列车占用检测，相当于传统的轨道电路，尽管通过定位信标，列车可以知道其在线路上的具体位置，但列车运行间隔控制还是基于计轴轨道区段的划分。

② 完成基本联锁关系：

实现进路上道岔、信号机和进路的联锁控制。区域控制器基于计轴轨道区段的占用情况，完成列车运行进路的联锁控制；除了车站出口处设置的出站信号机以及设置于区间的通过信号机（也有称为进站信号机）外，在道岔区域必须设置道岔防护信号机。

对应不同的进路，信号机有不同的显示。绿灯信号，表示允许列车驶入正向（直股）进路；白灯信号，表示允许列车驶入侧向（弯股）进路；红灯信号，表示列车必须在该信号机前停车，不允许越过该信号机。

为了将信号机显示状态传送给列车，在该信号机坐标对应的轨间，设置相应的有源信标，该信标分别由相应的信号机显示来驱动；例如，当道岔位置开通侧向，信号机为白灯显示，相应的侧向信标（RW）被激活；当然，当信号机显示红色时，该信标不被激活；因此，当列车接近一个道岔时，会有三个由电缆供电的信标向列车传送数据信息，它们分别为直向信标、侧向信标和引导进路信标。

当列车接近信号机，如果有源信标（B 型）没有被激活，当列车越过直向进路预告信标（RGW）位置时，司机将按照在信号机位置前减速至 20 km/h 的制动曲线驾驶；假如道岔在定位，列车冒进红灯，列车检测不到允许信号的信标，车载控制器就会施加紧急制动。列车完全停车以后，必须经控制中心调度确认，司机才能释放紧急制动，继续前行。

当列车接近道岔时，还有一个直向进路预告信标，它也是由电缆供电，为了提前指示信号机的显示，只要信号机不显示绿灯，此预告信标应处于断电状态；系统将假定列车进路为侧向进路，同时还监督速度变化至侧向限速的制动曲线。

设置于站台的二显示出站信号机，在发车端将一个直向进路信标（RG）与二显示信号机的绿灯关联，当出站信号机显示红灯时，此信标为断电状态；如果列车越过红灯，车载控制器将检测到相应的信标没有被激活，从而施加一个紧急制动。

③ 车站行车值班员可通过 LATS 终端控制列车进路，并具备引导功能。控制中心 CATS 能显示轨旁设备的状态、列车允许状态以及从各子系统送来的报警信息。

④ 防淹门控制。区域控制器的计算机联锁系统（PMI）接收防淹门状态信息。防淹门正常状态为打开，在降级运行信号控制系统下，需要手动关闭防淹门，且防淹门属于 ATS 和 PMI 的外部设备。当 PMI 检测到防淹门不在完全"打开及锁定"状态时，PMI 就会控制防护防淹门的信号机显示禁止信号，阻止列车进入防淹门。

⑤ 站台紧急停车按钮。每个车站的每侧站台上都装有两个紧急停车按钮（ESB），并在车控室设置紧急停车按钮；这三个站台紧急停车按钮串接，为每个站台提供同一个状态。当一个站台紧急停车按钮被激活时，站台入口信号机与出口信号机将显示禁止信号。

（3）ATS 的功能

控制中心 ATS 子系统与区域控制器通信，跟踪显示基于计轴器检测的轨道区段占用情况，监控轨旁设备。按运行时刻表，为所有采用 WSP 模式运行的列车自动设置运行进路。

控制中心 ATS 也支持人工排列进路，每列车的进路信息都将发送至区域控制器，实现联锁控制。

当控制权交给本地 ATS 工作站时，可以实施车站人工排列进路，控制中心会继续追踪采用 WSP 模式的列车。

列车发车指示器连接到网络，用倒计时的方式向司机提供列车停站时间，每个站台的两端都设有一个显示器，一个车站共有四个列车发车指示器。

项目六　CBTC系统操作实践

CBTC 是新一代的 ATC（列车自动控制）系统，具有 ATS、ATP、ATO 等功能，可以最大限度地保证行车安全、提高区间和车站通过能力。其设备构成、主要功能均得到了完善和提高，尤其是列车运行控制方式和信号系统闭塞方式发生了根本性的变革。CBTC 是地铁行车调度依据行车计划或运力需求组织行车，并按一定的闭塞方式指挥列车安全、正点运行的重要系统。

本章讲述 CBTC 下列控的基本操作实践以及 CBTC 后备模式下系统的应急处置。

任务一 ATS 系统基本操作

ATS 系统对所有设备的运行进行监督和控制，监视并显示实际运营列车的位置，控制列车按时刻表运行。它可自动调节列车的运行等级和停站时间，以维持时刻表和运行间隔；还能进行人工操作控制，通过 DCS 通道可对所有或其中一列到站列车进行扣车/解除扣车，办理/取消速度限制，使用区域控制器临时关闭/开放某一区域。

调度员可分别通过各自的控制终端实现对其管辖线路的运行控制。控制中心的中央 ATS 子系统将运行状态信息发送到大屏幕显示系统，供调度员使用；ATS 系统具有若干控制等级，可将因异常情况或设备故障而产生的不良影响降至最低。

通常情况下控制中心 ATS 系统控制全线，当控制中心 ATS 系统发生故障（如通信中断）时，系统切换至某站设置的 ATS 系统主机服务器和通信服务器控制全线。当站级 ATS 系统设备发生故障时，可以建立自动进路及自动折返进路；也可通过本地控制工作站进行人工进路控制和信号机控制，以及按站间闭塞行车。

下面分别介绍其具体功能。

一、列车监督

ATS 系统实时接收所有列车报告的位置，并在 ATS 系统界面上显示其位置，如图 6-1 所示。

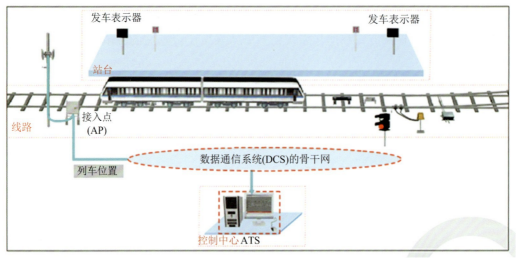

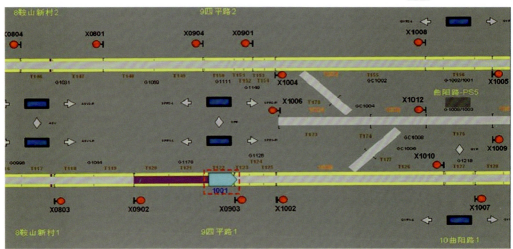

图 6-1　监督列车位置

二、扣车

扣车指令由调度员通过 ATS 工作站发布,并向列车发送,列车接到指令后,一直在站台停车等待。列车收到调度员发布的解除扣车指令后,可以从车站出发,如图 6-2 所示。

三、跳停

跳停指令由调度员通过 ATS 工作站发布,并向列车发送,列车接到指令后,到达车站时直接通过,不停车,如图 6-3 所示。

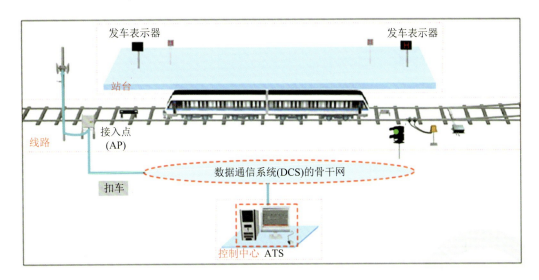

图 6-2　扣车

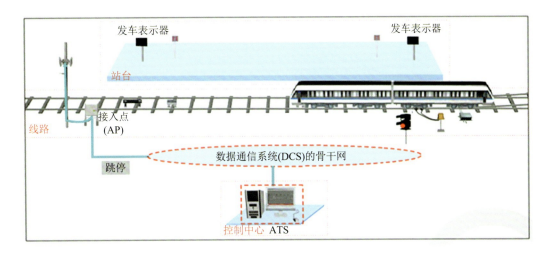

图 6-3　列车跳停

四、运行等级调整

运行等级调整指令由调度员通过 ATS 工作站发布,并向列车发送,列车接到指令后,以新的运行等级对应的速度曲线控制列车自动运行,如图 6-4 所示。

五、停站时间调整

停站时间调整指令由调度员通过 ATS 工作站发布,并向列车发布,列车接到指令后,按照新的停站时间在车站停车,如图 6-5 所示。

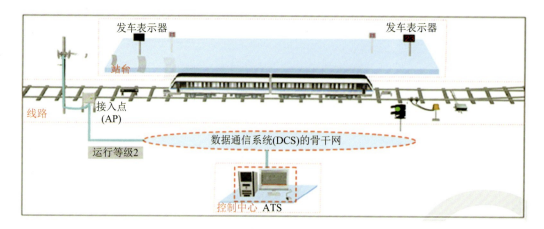

图 6-4 列车运行等级调整

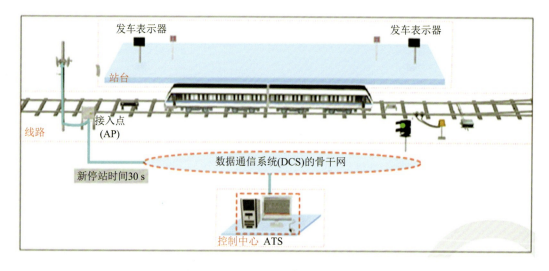

图 6-5 列车停站时间调整

六、发车表示器控制

列车到达车站站台停稳后,ATS 向发车表示器发送倒计时指令,发车表示器收到指令后开始倒计时,显示列车停站的剩余时间,如图 6-6 所示。

七、进路控制

进路控制分为自动排列进路和人工排列进路,自动排列进路由系统自动完成,人工排列进路由操作员在 ATS 工作站完成。这里主要介绍人工排列进路过程。

项目六　CBTC系统操作实践

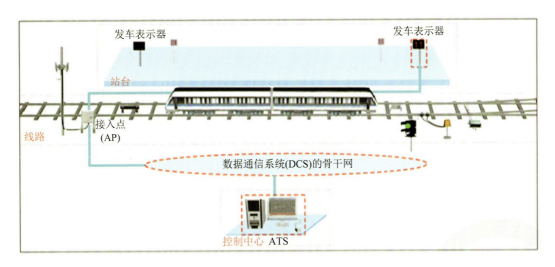

图 6-6　发车表示器控制

（一）人工排列进路

ATS系统的人工排列进路指令由操作员在ATS工作站上操作完成。这里以排列 X2104-X2109 进路为例（如图 6-7 所示），介绍人工排列进路的操作步骤。

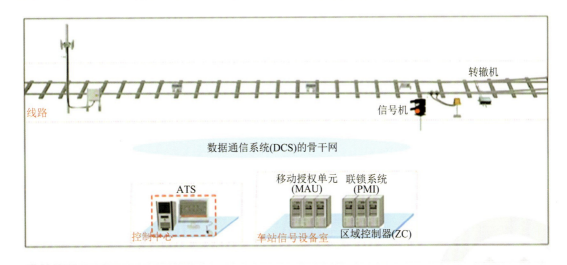

图 6-7　人工排列进路

通过鼠标选择进路始端信号机 X2104 并拖动到进路终端信号机 X2109，弹出进路命令窗口，进路命令窗口中的开始信号机列表中 X2104 高亮显示，结束信号机列表中的 X2109 高亮显示，如图 6-8 所示。

在进路命令窗口中，选择路径，进路列表中的进路 X2104-X2109 高亮显示，如图 6-9 所示。

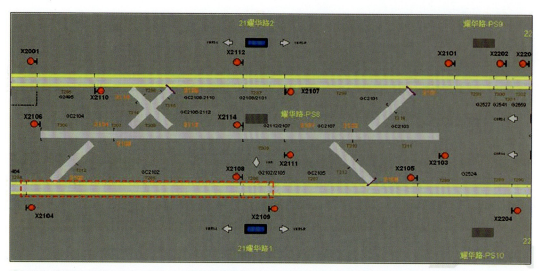

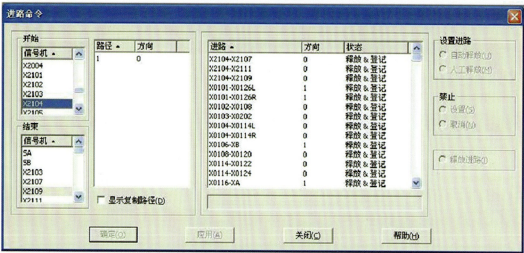

图 6-8　人工排列进路步骤 1

图 6-9　人工排列进路步骤 2

在设置进路单选框中选择进路解锁方式,这里选择人工解锁方式。单击"确定"按钮,则形成 ATS 排列进路命令,如图 6-10 所示。

图 6-10　人工排列进路步骤 3

ATS 系统将排列进路指令发送给区域控制器 ZC 的移动授权单元 MAU,MAU 执行 ATS 的进路请求。如果进路请求包含道岔,则向联锁系统 PMI(CI、CBI)发送进路请求,PMI 收到指令后执行联锁指令,控制道岔和信号机,如图 6-11 所示。

然后 PMI 将进路锁闭状态、道岔锁闭状态、信号机开放状态发送给 ATS 系统,ATS 界面上显示相应的进路状态信息,如图 6-12 所示。

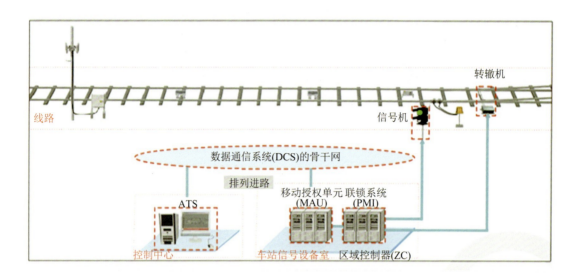

图 6-11 人工排列进路步骤 4

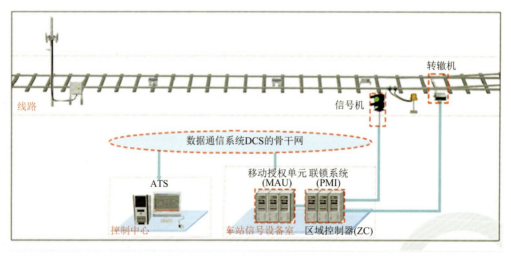

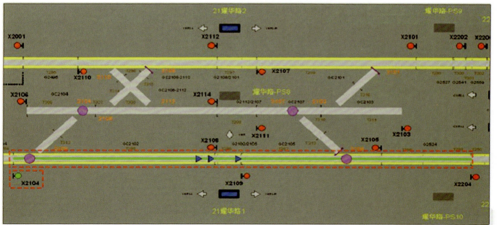

图 6-12 人工排列进路步骤 5

(二)人工取消进路

ATS 系统的人工取消进路指令由操作员在 ATS 工作站操作完成。这里以取消进路 X2104-X2109 为例,介绍人工取消进路的操作步骤,如图 6-13 所示。

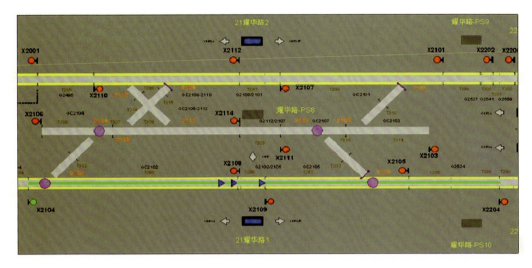

图 6-13 人工取消进路步骤 1

通过鼠标选择欲取消进路的始端信号机 X2104 并拖动到进路的终端信号机 X2109,弹出进路命令窗口,进路命令窗口中的始端信号机列表中 X2104 高亮显示,结束信号机列表中的 X2109 高亮显示,如图 6-14 所示。

在进路命令窗口中,选择路径,进路列表中的进路 X2104-X2109 高亮显示,如图 6-15 所示。

在设置进路单选框中选择释放进路单选框,单击"确定"按钮,ATS 则取消了进路指令,如图 6-16 所示。

ATS 系统将取消进路指令发送到 ZC 的 MAU,MAU 执行 ATS 的进路取消请求,如果所请求的进路包含道岔,则向 PMI 发送解锁进路请求,PMI 执行进路解锁,如图 6-17 所示。

PMI 将进路解锁后的状态发给 ATS 系统,ATS 界面上显示相应的进路解锁状态信息,如图 6-18 所示。

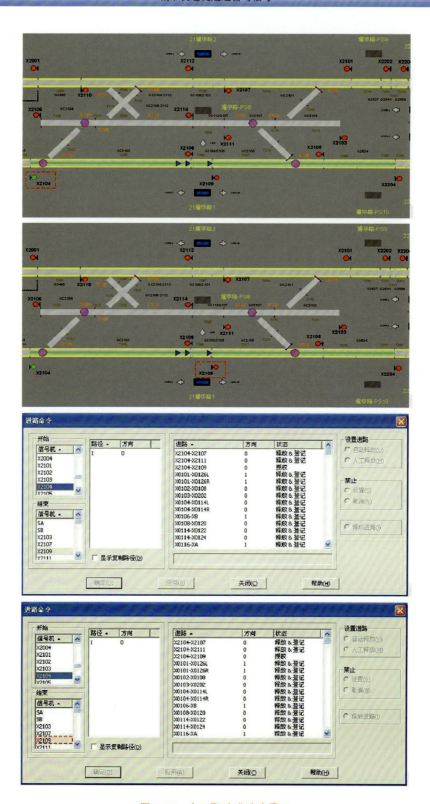

图 6-14 人工取消进路步骤 2

项目六　CBTC系统操作实践

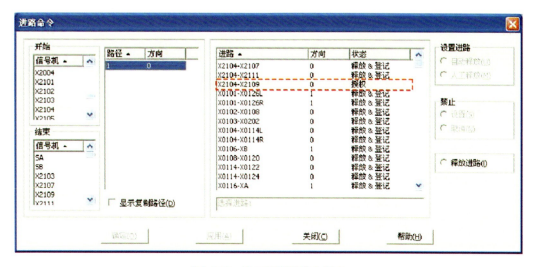

图 6-15　人工取消进路步骤 3

图 6-16　人工取消进路步骤 4

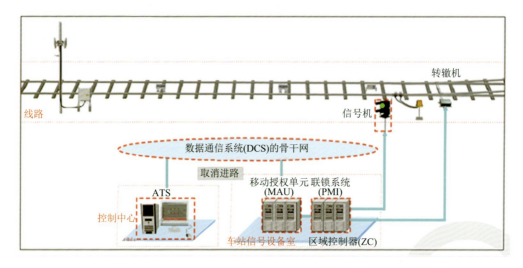

图 6-17　人工取消进路步骤 5

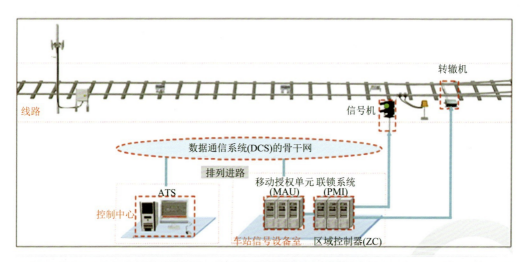

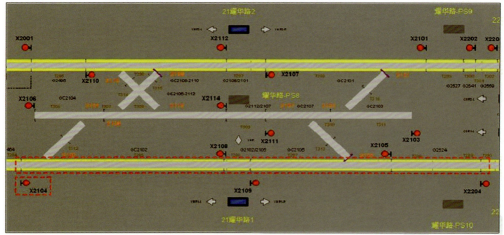

图 6-18　人工取消进路步骤 6

八、设备监督

ATS 系统接收由 PMI 系统采集的轨旁设备状态,并在 ATS 界面上显示设备相应状态的图标,如图 6-19 所示。

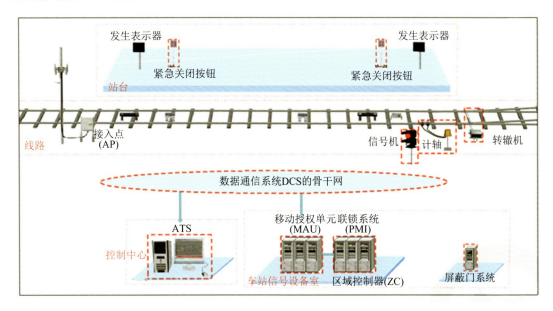

图 6-19 设备监督

任务二 ATP 系统基本操作

ATP 系统功能可确保列车的安全运行。ATP 系统所有功能都依照"故障-安全"准则执行,该准则符合 CENELEC 标准,系统具有线路双向运行的 ATP 功能。ATP 系统包括车载和轨旁 ATP 部分,如图 6-20 所示。轨旁子系统主要由区域控制器(ZC)、联锁系统及应答器等组成。

区域控制器(ZC)接收由其控制区内列车发出的位置信号。它负责根据所有已知障碍物的位置和运行权限来确定其区域内所有列车的运行权限。ZC 也回应相邻 ZC 的授权申请。在系统配置中,ZC 与 PMI 接口。下面分别介绍其具体功能操作,如图 6-21 所示。

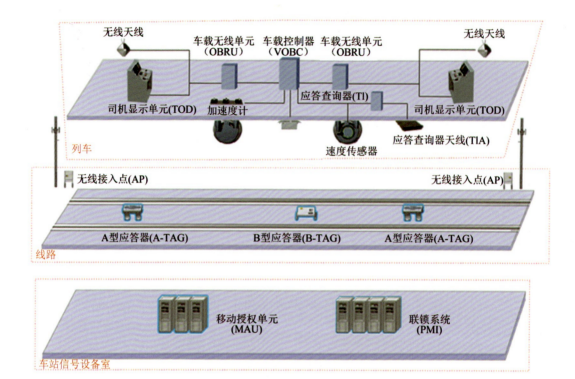

图 6-20 ATP 系统组成

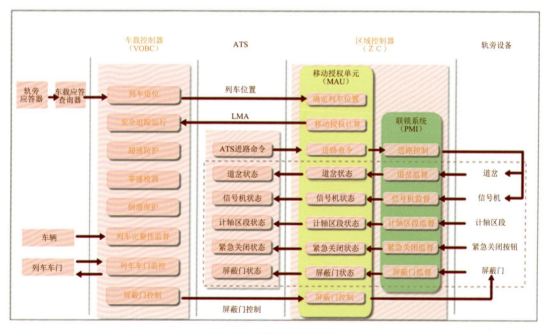

图 6-21 ATP 系统功能图

一、列车定位

列车经过两个连续的具有校准功能的 A 型应答器（A-TAG）时，速度传感器测量它们之间的距离并发送给车载控制器（VOBC）。VOBC 将测量值与车载数据库中预先定义的两个应答器之间的距离值进行比较，如果两者之差在允许误差范围之内，则列车位置确定。列车在线路的任何两个应答器之间的具体位置，VOBC 将通过速度传感器输入的数据来确定，如图6-22所示。

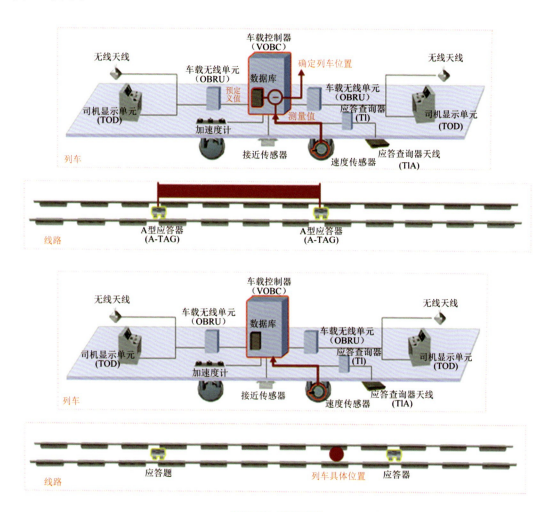

图 6-22 列车定位

VOBC 向 ZC 的 MAU 报告列车位置（包括车头和车尾位置），如图 6-23 所示。ZC 的 MAU 收到后，计算列车可能的位置。列车报告的车头位置加上位置不确定值以及估计的运行距离等于车头的可能位置。列车报告的车尾位置加上位置不确定值以及倒溜距离等于车尾的可能位置。MAU 确定的列车位置对其他列车来讲是个障碍物，如图 6-24 所示。

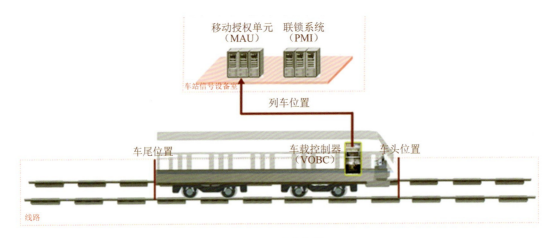

图 6-23 列车位置

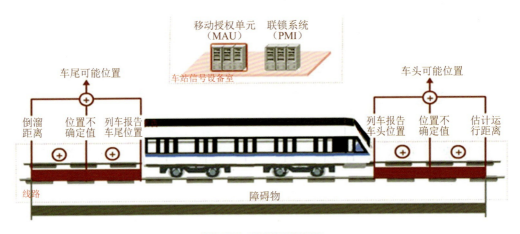

图 6-24 列车可能位置

二、移动授权计算

列车向 ZC 的 MAU 报告列车位置,MAU 根据前方障碍物的状态,计算移动授权(LMA),如图 6-25 所示。

三、超速防护

VOBC 连续监督列车实际速度,如果列车超速,VOBC 将施加紧急制动,如图 6-26 所示。

项目六 CBTC系统操作实践

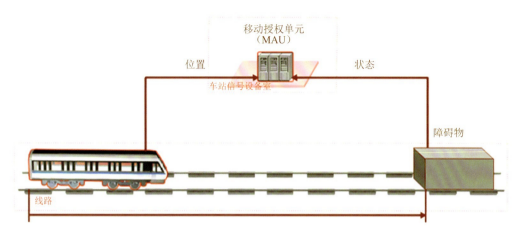

图 6-25 移动授权(LMA)

图 6-26 超速防护

四、安全追踪运行

两车追踪运行时,ZC 的 MAU 将前行列车作为后续列车的障碍物,为每列车计算 LMA 并发给列车,如图 6-27 所示。

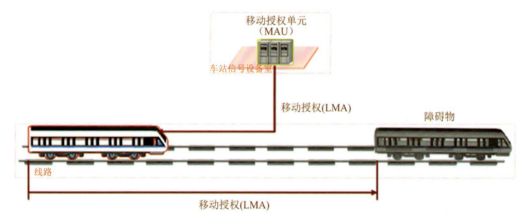

图 6-27　移动授权计算

VOBC 收到 LMA 后,计算在最不利情况下列车的停车距离,确保列车在最不利情况下能在 LMA 范围内停车,从而保证前后列车安全追踪运行,如图 6-28 所示。

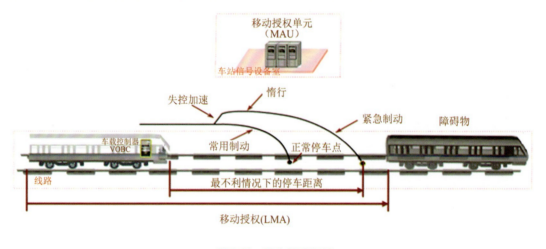

图 6-28　安全追踪运行

五、零速检测

列车速度小于 0.5 km/h 且持续 1 s 以上,VOBC 就认为列车是零速状态,将制动停车,如图 6-29 所示。

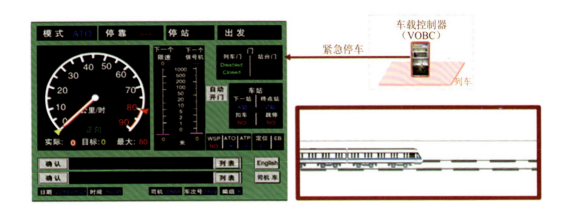

图 6-29 零速检测

六、倒溜保护

当列车停下来后，VOBC 能探测到列车沿允许运行方向的相反方向倒溜的情况，VOBC 允许列车向相反方向移动 1 m 的距离，如果超过这个距离，将施加紧急制动，如图 6-30 所示。

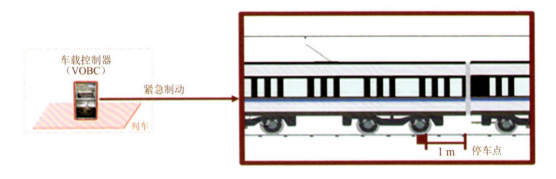

图 6-30 倒溜保护

七、列车完整性监督

VOBC 周期性的监督基于车辆提供的列车完整性信号。如果在预定的时间没有收到车辆的列车完整性信号，VOBC 将施加紧急制动，如图 6-31 所示。

图 6-31 列车完整性监督

八、列车车门与屏蔽门监控

列车车门控制包括列车开门和关门控制。列车开门控制分人工开门和自动开门模式。通过司机显示单元 TOD 的车门开门模式选择按钮来设置,如图 6-32 所示。

图 6-32 车门开门模式

在人工开门模式下,当列车准确对位停靠站台后,VOBC 发送允许开门信号,司机按压开门按钮打开车门。同样,当列车停站结束时,VOBC 发送允许关门信号,司机按压关门按钮关闭车门。如图 6-33 所示。

在自动开门模式下,当列车准确对位停靠站台后,VOBC 发送自动开门信号打开车门。同样,当列车停站结束时,VOBC 发送自动关门信号关闭车门。如图 6-34 所示。

VOBC 监督列车车门状态,车门打开时,VOBC 指示 TOD 的车门状态显示 OPEN;车门关闭时,VOBC 指示 TOD 的车门状态显示 CLOSED。如图 6-35 所示。

当车门状态丢失时,VOBC 指示 TOD 的车门状态显示"－－－－－"(无效),VOBC 发送信号制动列车运行。

当列车停稳站台后,VOBC 检测到车门允许打开,即向 ZC 的 MAU 发送屏蔽门开门授权指令,MAU 收到指令后向屏蔽门系统发送开门指令,屏蔽门系统收到开门指令后打开屏

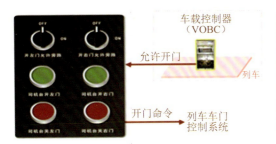

图 6-33　人工开门（或关门）

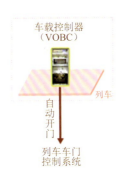

图 6-34　自动开门模式（或关门）

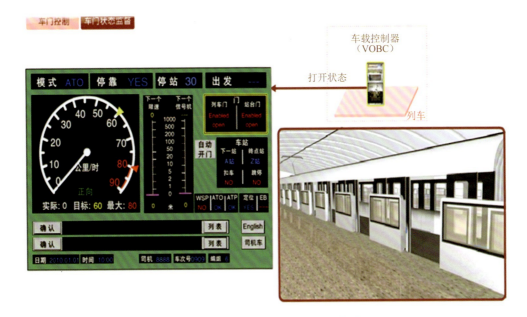

图 6-35　车门状态监控（停站开门状态）

蔽门,如图 6-36 所示。同样,当列车停站结束后,VOBC 向 ZC 的 MAU 发送屏蔽门关门授权指令,MAU 收到后,向屏蔽门系统发送关门指令,屏蔽门系统收到关门指令后关闭屏蔽门。

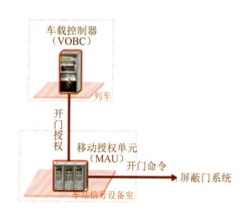

图 6-36　屏蔽门开门

九、进路控制

ZC 的移动授权 MAU 接收来自 ATS 的进路请求,如图 6-37 所示。

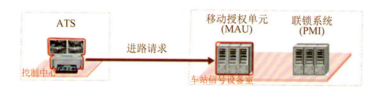

图 6-37　进路请求

如果进路请求中包含道岔,则 MAU 向 PMI 发送进路请求,PMI 根据进路请求办理进路,控制道岔转到进路所要求的位置,并开放信号,如图 6-38 所示。

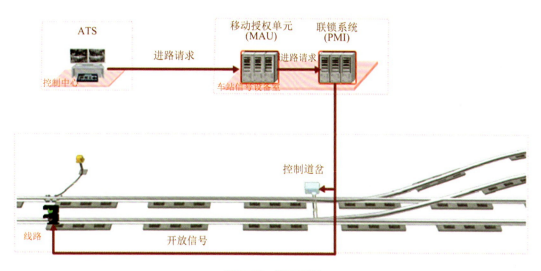

图 6-38 进路控制

十、轨旁设备监督

ZC 的 PMI 监督道岔、信号机、计轴区段、紧急关闭按钮、屏蔽门等轨旁设备状态，PMI 将轨旁设备状态发送给 MAU，MAU 收到轨旁设备状态后向 ATS 系统发送轨旁设备状态，同时将屏蔽门状态发送给 MAU，实现屏蔽门控制，如图 6-39 所示。

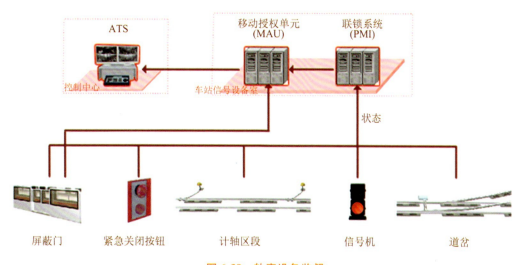

图 6-39 轨旁设备监督

任务三 ATO 系统基本操作

ATO 子系统由车载设备和轨旁设备组成。车载设备包括车载控制器（VOBC）、车载无线单元（OBRU）、无线天线、司机显示单元（TOD），轨旁设备主要是接近盘（应答器）。ATO 子系统与 ATP 子系统共用车载硬件设备，并没有独立的设备。车载 ATO 设备为主备冗余，且运行同样的软件，当主 ATO 单元发生故障时，自动从主 ATO 单元切换到备用 ATO，如图 6-40 所示。

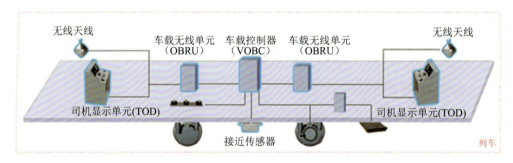

图 6-40 ATO 系统组成

由于 ATO 始终在 ATP 的监督下运行，所以就 ATO 子系统而言，并没有安全性的要求。系统的非安全列车自动运行和监控功能由 ATO 子系统完成。在列车运行过程中，ATO 子系统执行其规定功能，同时与 ATP 和其他子系统交换数据。在人工 ATP 模式下，ATO 的功能将受到限制。ATO 主要功能如表 6-1 所示。

表 6-1 ATO 主要功能

非安全功能	自动（ATO 模式）	人工（ATP 模式）
列车速度控制	×	
车站停车	×	
门控	×	×
列车发车	×	
折返	×	×

续表

非安全功能	自动（ATO模式）	人工（ATP模式）
跳停	×	
扣车	×	
停站时间控制	×	×
报警监督与报告	×	×
与TIMS接口	×	×

一、列车速度控制

列车以自动 ATO 驾驶模式运行时，TOD 实时显示列车的实际速度和目标速度。VOBC 利用反馈和开环控制算法对列车速度进行控制，周期性地通过速度传感器的输入测量列车的实际速度，比较实际速度与目标速度，根据比较结果向车辆系统输出牵引或者制动命令，最终使列车实际速度达到并保持目标速度，如图 6-41 所示。

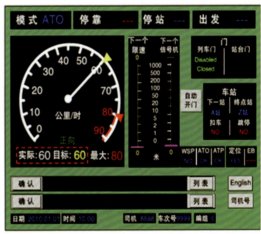

图 6-41　列车速度控制

二、车站停车

列车以 ATO 驾驶模式进站停车过程中，经过站台区域的接近盘（应答器）时，接近传感器探测到接近盘并向 VOBC 发送对位信号，VOBC 收到对位信号后控制列车在站台准确停车，如图 6-42 所示。

列车停准站台后，VOBC 向 TOD 发送列车停靠站指令，TOD 接到停站指令后停靠信息显示为 YES，如图 6-43 所示。

列车以 ATO 驾驶模式运行时，进入站台停车前，列车的 VOBC 收到 ATS 发送的站台

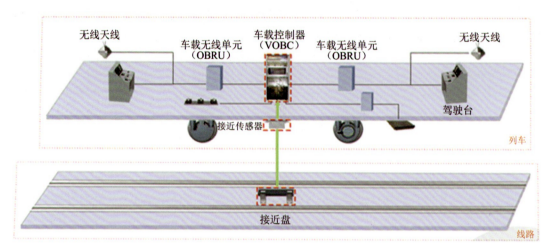

图 6-42 列车接近站台

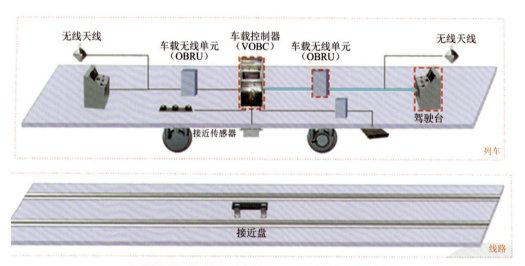

图 6-43 列车停站

跳停命令，则向 TOD 显示发送跳停信息，TOD 收到跳停信息时站台跳停信息显示为 YES，列车直接通过站台，不停站，如图 6-44 所示。

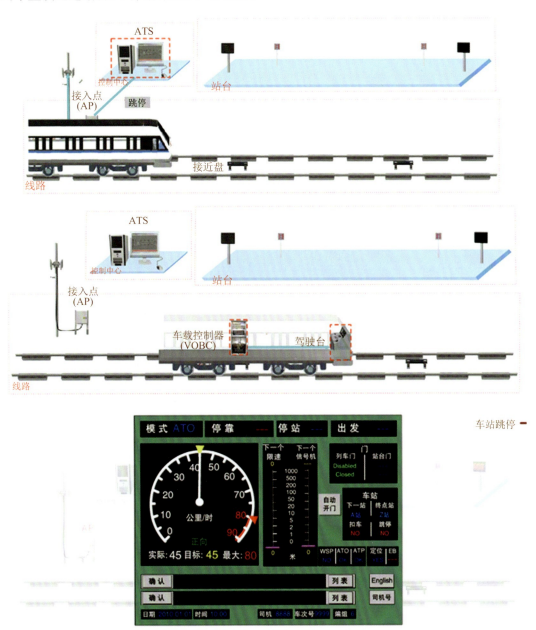

图 6-44　列车跳停

三、车站扣车

列车以 ATO 驾驶模式运行时，在站台停车过程中，列车 VOBC 收到 ATS 发送的站台扣车命令，向 TOD 显示发送扣车信息，TOD 收到扣车信息时站台扣车信息显示为 YES，不允许列车发车离开站台,如图 6-45 所示。

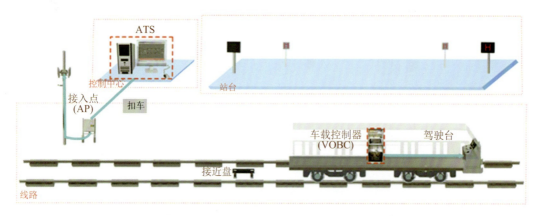

图 6-45　车站扣车

四、站台时间控制

列车以 ATO 驾驶模式运行时,在站台对位停车后,列车 VOBC 收到 ATS 发送的新停站命令,向 TOD 显示发送扣车信息,TOD 收到扣车信息后显示新的停站时间并开始倒计时,如图 6-46 所示。

列车以 ATO 驾驶模式运行时,在站台停站时间结束后,如果发车条件满足,VOBC 向 TOD 发送允许发车信息,TOD 收到发车信息后允许发车信息显示为 YES,允许列车从站台出发。

五、报警监督与报告

VOBC 监督各类报警信息,指示 TOD 显示报警信息,包括车-地通信故障、紧急制动、超速等,同时 VOBC 向 ATS 系统报告列车的各类报警信息,如图 6-47 所示。

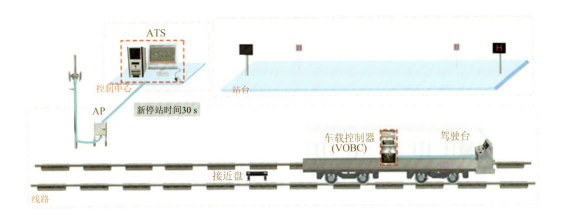

图 6-46 新停站时间设定

图 6-47 报警信息监督

六、VOBC 与 TIMS 接口

VOBC 实时将列车车次号、到达车站站名、下站站名、下站跳停、时钟等信息传送给列车信息管理系统(TIMS)，如图 6-48 所示。

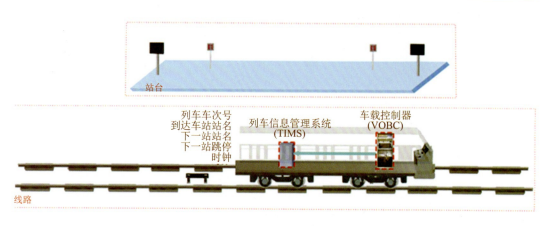

图 6-48 TIMS 接口

任务四　CBTC 系统后备模式基本操作

在 CBTC 系统中，增加后备模式已经成了标配。在后备模式中，大多数 ATP 厂家都采用了点式 ATP 或者利用计轴区段以及联锁实现站间闭塞。CBTC 模式和后备模式的切换常常需要人工干预，如图 6-49 所示。

后备模式通常采用点式 ATP＋站间闭塞＋计轴系统的模式。列车按照出站信号机显示行车，列车的行驶完全由司机人工控制，全程仍具有 ATP 防护；如果司机丧失警惕越过红灯，车载控制器会通过轨旁设备接收到的信息触发紧急制动，从而保证运行安全，如图 6-50 所示。

ATS 向 PMI 发送进路请求，PMI 执行进路请求，控制道岔和信号机，如图 6-51 所示。ATS 接收来自 PMI 采集的道岔、信号机、计轴区段等设备状态，并在 ATS 工作站上显示道岔、信号机、计轴区段等设备的状态，对列车和轨旁设备进行监督。

司机根据轨旁信号显示，以轨旁信号保护 WSP 模式驾驶列车运行，如图 6-52 所示。

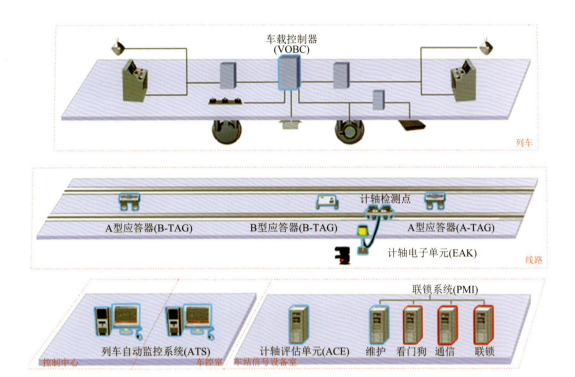

图 6-49　CBTC 后备模式系统组成

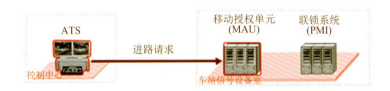

图 6-50　计轴区段

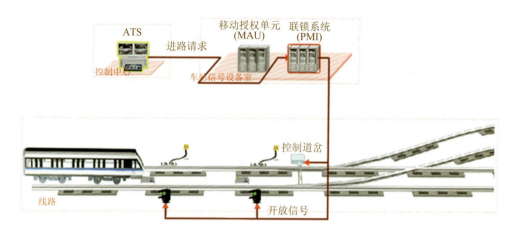

图 6-51 进路请求及轨旁设备状态监督

图 6-52 轨旁信号保护 WSP 模式运行

一、列车检测

在 CBTC 的后备模式下,计轴系统将进行列车检测,如图 6-53 所示。

计轴监测点将轨道划分为若干计轴区段,无岔区段由两个监测点构成,道岔区段由三个或者三个以上监测点构成,如图 6-54 所示。根据列车运行方向,监测点中一个是区段入口监测点,另一个是区段出口监测点。当出口监测点的车轮数等于入口监测点的车轮数时,说明列车已经出清区段。

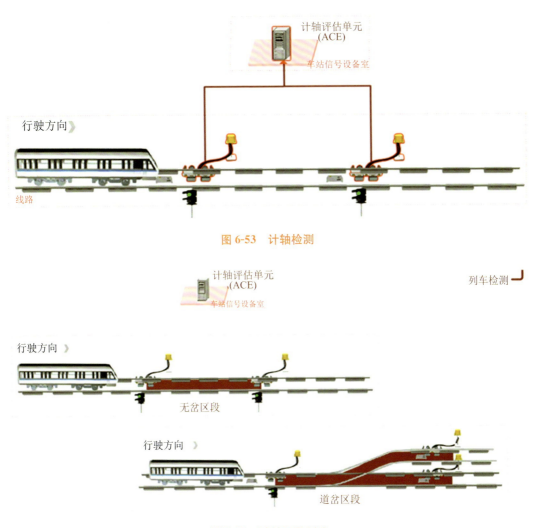

图 6-53　计轴检测

图 6-54　计轴区段划分

二、联锁与闭塞

当列车出清区段时，区段空闲，信号开放，前后两车追踪时，安全追踪间隔至少为一个区段，如图 6-55 所示。

三、超速防护

司机在以轨旁信号保护 WSP 模式驾驶列车运行的过程中，VOBC 对列车速度进行连续监督，并且不断比较列车的实际速度与目标速度。一旦列车实际速度接近目标速度，就会产生声音报警，提醒司机减速。如果在一定的时间内司机未采取减速措施，列车速度超过目标速度，VOBC 将施加紧急制动，如图 6-56 所示。

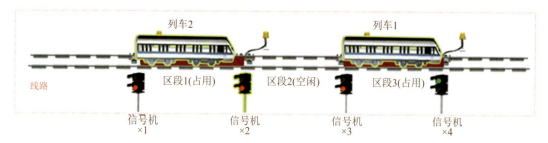

图 6-55　前后两车追踪

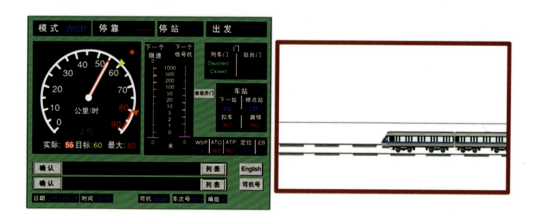

图 6-56　超速防护

四、冒进红灯保护

VOBC 提供冒进红灯保护功能。当前方信号机为红色信号时，与信号机关联的 B 型应答器(B-TAG)不激活。当列车超过红灯信号时，VOBC 检测不到激活的 B 型应答器，将施加紧急制动，如图 6-57 所示。

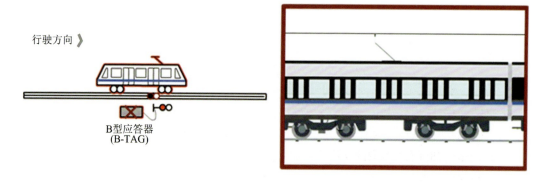

图 6-57　冒进红灯保护

五、列车运行

列车在区间正常运行的过程中，TOD显示列车实际速度、目标允许速度、驾驶模式，司机以轨旁信号保护WSP模式并根据TOD上提示的目标允许速度驾驶列车运行，如图6-58所示。

图6-58 WSP运行、站台发车

（1）列车进站时，由司机负责在站台与屏蔽门对准停车。
（2）列车停站后，需要打开的车门开门按钮点亮，司机按压按钮打开车门。
（3）停站结束后，已打开的车门关闭按钮点亮，司机按压按钮关闭车门。
（4）司机需要确认以下条件才能操作驾驶手柄从站台发车：
① 确定车门和屏蔽门关闭并锁闭。
② 出站信号机开放。
③ 停站时间结束，上客完毕。
④ 没有其他危险。

当按下站台紧急关闭按钮后,该站台的进站信号机和出站信号机全部显示为关闭(禁止)信号(红灯),准备出站的列车不允许出站,如图 6-59 所示。

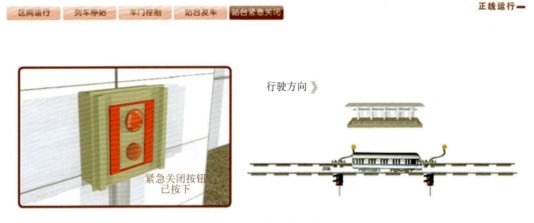

图 6-59　列车停在站台

六、列车出/入库

列车从车库以限速向前 RMF 模式运行,接近 CBTC 区域前,如果 VOBC 检测到两个连续的 A 型应答器(A-TAG),则 VOBC 建立列车位置,如图 6-60 所示。

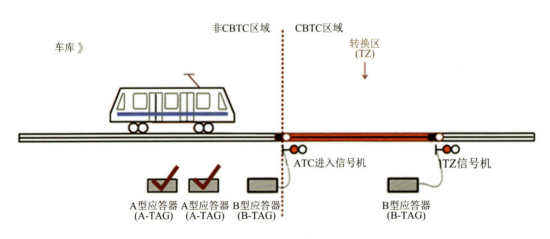

图 6-60　建立列车位置

停车场排列进路,开放 ATC 信号系统进入信号机,ATC 进入信号开放,激活关联的 B 型应答器(B-TAG),列车经过 B 型应答器时,VOBC 检测到该应答器为允许进入信号,如图 6-61所示。

列车进入转换区停车,VOBC 指示 TOD 显示轨旁信号保护 WSP 模式可用,司机转换驾驶模式为轨旁信号保护 WSP 模式,如图 6-62 所示。

如果转换区信号机开放,则司机可以用轨旁信号保护 WSP 模式驾驶列车进入正线运行,如图 6-63 所示。

项目六　CBTC系统操作实践

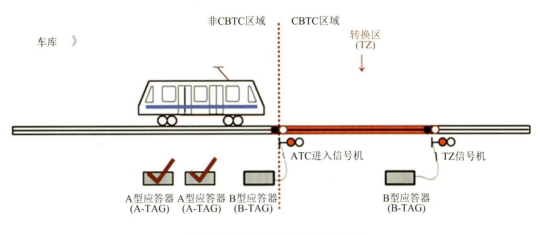

图 6-61　列车允许进入信号开放

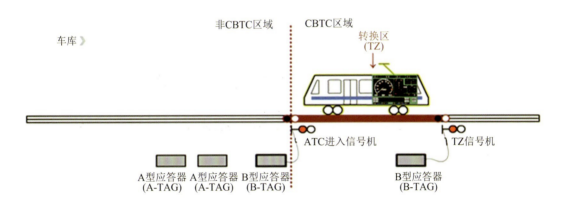

图 6-62　列车进入转换区

列车回库与出库类似,正线联锁系统(PMI)判断转换区是否空闲、退出信号机是否开放。当ATC退出信号机开放时,司机驾驶列车由正线进入转换区后,轨旁信号保护WSP模式变为不可用。列车在转换区停车后,司机将驾驶模式由WSP切换到限速向前模式RMF,驾驶列车回库,退出运营。

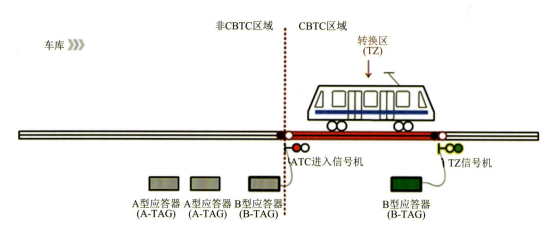

图 6-63 转换区 TZ 信号机开放

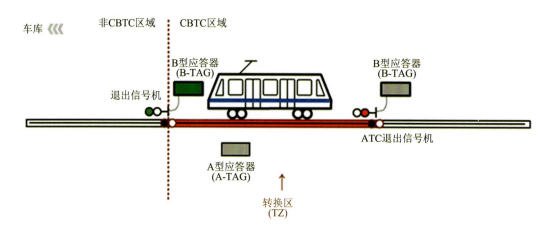

图 6-64 退出 WSP 模式，列车回库

参考文献

［1］ 徐金祥,冲蕾. 城市轨道交通信号基础[M]. 北京:中国铁道出版社,2012.
［2］ 上海申通地铁培训中心. 城市轨道交通信号技术[M]. 北京:中国铁道出版社,2009.
［3］ 林瑜筠. 城市轨道交通信号工程设计[M]. 北京:中国铁道出版社,2018.
［4］ 王瑞峰. 铁路信号运营基础[M]. 北京:中国铁道出版社,2016.